大是文化

중등 키 수학 총정리 28일 완성

28天救回 國中數學

解答本

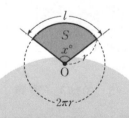

榮獲韓國教育出版部門大獎、
具有 40 年出版數學書籍的經驗

鑰匙出版社──著

陳聖薇──譯

解答

第 1 章　數的運算

第 1〜4 天（p.12〜35）

第 1 天

實戰演練 1-1 ④／實戰演練 1-2 84／實戰演練 1-3 3／實戰演練 1-4 1、3、5、15、25、75／實戰演練 1-5 6／實戰演練 1-6 18／實戰演練 1-7 ③／實戰演練 1-8 12 名／實戰演練 1-9 1260／實戰演練 1-10 78／實戰演練 1-11 2700 個

第 2 天

實戰演練 2-1 ②／實戰演練 2-2 −1／實戰演練 2-3 −1、0、1／實戰演練 2-4 $-\dfrac{23}{45}$／實戰演練 2-5 $\dfrac{23}{2}$／實戰演練 2-6 (1)$-\dfrac{5}{4}$ (2)$-\dfrac{23}{24}$／實戰演練 2-7 4／實戰演練 2-8 (1)2 (2)$-\dfrac{2}{7}$／實戰演練 2-9 (1) −87 (2)3 (3)14／實戰演練 2-10 22／實戰演練 2-11 21／實戰演練 2-12 ④／實戰演練 2-13 5／實戰演練 2-14 3

第 3 天

實戰演練 3-1 ④／實戰演練 3-2 5／實戰演練 3-3 −3a／實戰演練 3-4 60／實戰演練 3-5 29／實戰演練 3-6 ⑤／實戰演練 3-7 ①④⑤／實戰演練 3-8 ②／實戰演練 3-9 ④／實戰演練 3-10 −6／實戰演練 3-11 (1)$2<\sqrt{10}-1$ (2)$\sqrt{10}-\sqrt{7}>3-\sqrt{7}$ (3)$\sqrt{18}-3>1$ (4)$-\sqrt{14}-1>-\sqrt{14}-\sqrt{2}$／實戰演練 3-12 $\sqrt{2}+2$

第 4 天

實戰演練 4-1 (1)$48\sqrt{15}$ (2)6／實戰演練 4-2 $\dfrac{19}{3}$／實戰演練 4-3 (1)$\dfrac{3\sqrt{7}}{7}$ (2)$\dfrac{2\sqrt{5}}{15}$ (3)$\dfrac{\sqrt{15}}{6}$ (4)$\dfrac{\sqrt{6}}{6}$／實戰演練 4-4 (1)0 (2)$2\sqrt{2}+\sqrt{3}$ (3)$7\sqrt{3}$／實戰演練 4-5 (1)$-7+3\sqrt{2}$ (2)$4-4\sqrt{2}$／實戰演練 4-6 −4／實戰演練 4-7 (1)44.72 (2)0.4472 (3)7.07 (4)0.2236／實戰演練 4-8 1.58

實戰演練 1-1

① 最小的質數是 2。

② 2 是質數，也是偶數。

③ $133 = 7 \times 19$，是合數。

⑤ 1 的因數只有 1 個。

實戰演練 1-2

$3^4 = 81$，所以 a = 81

$5^3 = 125$，所以 b = 3

因此 $a + b = 81 + 3 = 84$

實戰演練 1-3

經過因數分解 $108 = 2^2 \times 3^3$，且 3 的指數必須是偶數，所求的自然數是 3。

實戰演練 1-4

經過因數分解 $75 = 3 \times 5^2$，3 的因數是 1、3 且 5^2 的因數是 1、5、5^2，所以 3 的因數與 5 的因數的乘積分別是 1、3、5、3×5、5^2、3×5^2。因此 75 的因數有 1、3、5、15、25、75。

實戰演練 1-5

$180 = 2^2 \times 3^2 \times 5$。

$P(180) = (2 + 1) \times (2 + 1) \times (1 + 1) = 18$，即在 $P(180) \times P(n) = 72$，

$18 \times P(n) = 72$，所以 $P(n) = 4$，$4 = 2 \times 2 = (1 + 1) \times (1 + 1)$。

得知最小的自然數 $n = 2^1 \times 3^1 = 2 \times 3 = 6$。

實戰演練 1-6

$2^2 \times 3^2$，$2 \times 3^2 \times 5$，$2^3 \times 3^2 \times 7$ 的最大公因數是 $2 \times 3^2 = 18$。

實戰演練 1-7

```
2 | 96   120   168
2 | 48   60    84
2 | 24   30    42
3 | 12   15    21
    4    5     7
```

所以 (最大公因數) = $2^3 \times 3$，因此不是的是 ③。

實戰演練 1-8

$$
\begin{array}{r|rr}
2 & 84 & 60 \\
\hline
2 & 42 & 30 \\
\hline
3 & 21 & 15 \\
\hline
& 7 & 5
\end{array}
$$

糖果剩三顆、巧克力剩五個，$87 - 3 = 84$，$65 - 5 = 60$，可以平均分配給學生。故而求得學生人數必須是 84、60 的最大公因數，所以是 $2^2 \times 3 = 12$(位)。

實戰演練 1-9

$2^2 \times 3$，$2 \times 3^2 \times 5$，$2^2 \times 3^2 \times 7$ 的最小公倍數是 $2^2 \times 3^2 \times 5 \times 7 = 1260$。

實戰演練 1-10

$$
\begin{array}{r|rrr}
x & 3 \times x & 4 \times x & 6 \times x \\
\hline
2 & 3 & 4 & 6 \\
\hline
3 & 3 & 2 & 3 \\
\hline
& 1 & 2 & 1
\end{array}
$$

當三個自然數為 $3 \times x$、$4 \times x$、$6 \times x$ 時，$x \times 2 \times 3 \times 2 = 72$，所以 $x = 6$。
因此，三個自然數分別為 18、24、36，三個自然數的和為 $18 + 24 + 36 = 78$。

實戰演練 1-11

最小的正六面體邊長為 18、12、10 的最小公倍數，$2^2 \times 3^2 \times 5 = 180$(cm)。
所以，需要的箱子個數長為 $180 \div 18 = 10$，寬為 $180 \div 12 = 15$，高為 $180 \div 10 = 18$，得出 $10 \times 15 \times 18 = 2700$(個)。

實戰演練 2-1

② 正整數、0、負整數都同時是整數與有理數。

實戰演練 2-2

$|-7| = 7$、$|5| = 5$，所以 $\langle -7, 5 \rangle = 7$；$|8| = 8$、$|-4| = 4$，所以 $\langle 8, -4 \rangle = 8$，最後得出 $7 - 8 = -1$。

實戰演練 2-3

在 $|x| < \dfrac{5}{4}$，絕對值 0 的數是 0、絕對值 1 的數是 1、因為是 -1，所以所有 x 值是 -1、0、1。

實戰演練 2-4

$$\square = (-\frac{5}{18}) + (-\frac{7}{30}) = (-\frac{25}{90}) + (-\frac{21}{90}) = -\frac{46}{90} = -\frac{23}{45}。$$

實戰演練 2-5

a 的絕對值是 $\frac{9}{2}$，所以 a $= \frac{9}{2}$ 或 $-\frac{9}{2}$；b 的絕對值是 $\frac{5}{4}$，所以 b $= \frac{5}{4}$ 或 $-\frac{5}{4}$

1. 當 a $= \frac{9}{2}$，b $= \frac{5}{4}$ 時，a $-$ b $= \frac{9}{2} - \frac{5}{4} = \frac{18}{4} - \frac{5}{4} = \frac{13}{4}$。

2. 當 a $= \frac{9}{2}$，b $= -\frac{5}{4}$ 時，a $-$ b $= \frac{9}{2} - (-\frac{5}{4}) = \frac{9}{2} + \frac{5}{4} = \frac{18}{4} + \frac{5}{4} = \frac{23}{4}$。

3. 當 a $= -\frac{9}{2}$，b $= \frac{5}{4}$ 時，a $-$ b $= -\frac{9}{2} - \frac{5}{4} = -\frac{18}{4} - \frac{5}{4} = -\frac{23}{4}$。

4. 當 a $= -\frac{9}{2}$，b $= -\frac{5}{4}$ 時，a $-$ b $= -\frac{9}{2} - (-\frac{5}{4}) = -\frac{9}{2} + \frac{5}{4} = -\frac{18}{4} + \frac{5}{4} = -\frac{13}{4}$。

從上述得出 M $= \frac{23}{4}$，m $= -\frac{23}{4}$，M $-$ m $= \frac{23}{4} - (-\frac{23}{4}) = \frac{46}{4} = \frac{23}{2}$。

實戰演練 2-6

(1) $(+\frac{1}{3}) + (-\frac{3}{4}) - (+\frac{5}{6})$

$= (+\frac{1}{3}) + (-\frac{3}{4}) + (-\frac{5}{6})$

$= (+\frac{4}{12}) + (-\frac{9}{12}) + (-\frac{10}{12})$

$= -\frac{15}{12} = -\frac{5}{4}$

(2) $-\frac{1}{2} + \frac{3}{8} - \frac{5}{6}$

$= (-\frac{1}{2}) + (+\frac{3}{8}) + (-\frac{5}{6})$

$= (-\frac{12}{24}) + (+\frac{9}{24}) + (-\frac{20}{24})$

$= -\frac{23}{24}$

實戰演練 2-7

四個有理數中，選出三個數相乘時，最大值應是 (正數)×(負數)×(負數) 的乘積。這時正數的絕對值必須是最大數，所求的值是

$$7 \times (-\frac{8}{5}) \times (-\frac{5}{14}) = +(7 \times \frac{8}{5} \times \frac{5}{14}) = 4$$

實戰演練 2-8

(1) $(-4)^2 \times \square \div (-\frac{2}{3})^2 \times (-\frac{3}{4}) = -54$ ，

$$(+16) \times \square \div (+\frac{4}{9}) \times (-\frac{3}{4}) = -54$$

$$\square \times (+16) \times (+\frac{4}{9}) \times (-\frac{3}{4}) = -54$$

$$\square \times (-27) = -54 \quad \therefore \square = 2$$

(2) 在 $\frac{3}{4} \div \square \times 6 \div (-3^2) = \frac{7}{4}$ ，

$$\frac{3}{4} \times \frac{1}{\square} \times 6 \times (-\frac{1}{9}) = \frac{7}{4}$$

$$\frac{1}{\square} \times \frac{3}{4} \times 6 \times (-\frac{1}{9}) = \frac{7}{4}$$

$$\frac{1}{\square} \times (-\frac{1}{2}) = \frac{7}{4} \ , \ \frac{1}{\square} = \frac{7}{4} \times (-2) = -\frac{7}{2}$$

$$\therefore \square = -\frac{2}{7}$$

實戰演練 2-9

(1) $-6 - 4 \div (-\frac{2}{3})^2 \times (-3)^2$

$$= -6 - 4 \div \frac{4}{9} \times 9 = -6 - 4 \times \frac{9}{4} \times 9$$

$$= -6 - 81 = -87$$

(2) $(-\frac{1}{4}) \div (-\frac{1}{2})^2 - (-6) \times [(-\frac{4}{3}) + 2]$

$$= (-\frac{1}{4}) \div \frac{1}{4} - (-6) \times \frac{2}{3}$$

$$= (-\frac{1}{4}) \times 4 - (-6) \times \frac{2}{3}$$

$$= -1 - (-4) = 3$$

(3) $2 \times \{ \frac{1}{2} - [\frac{4}{5} \div (-\frac{2}{15})] + 1 \} - 1$

$$= 2 \times \{ \frac{1}{2} - [\frac{4}{5} \times (-\frac{15}{2})] + 1 \} - 1$$

$$= 2 \times [\frac{1}{2} - (-6) + 1] - 1 = 2 \times \frac{15}{2} - 1$$

$$= 15 - 1 = 14$$

實戰演練 2-10

若 $\dfrac{a}{120} = \dfrac{a}{2^3 \times 3 \times 5}$ 要成為有限小數，a 必須是 3 的倍數。這時 3 的倍數中最

小的兩位數自然數是 12，所以 a = 12，即 $\dfrac{12}{120} = \dfrac{1}{10} = \dfrac{1}{b}$，所以 b = 10，得出

a + b = 12 + 10 = 22。

實戰演練 2-11

若 $\dfrac{3}{56} \times A = \dfrac{3}{2^3 \times 7} \times A$，$\dfrac{1}{75} \times A = \dfrac{1}{3 \times 5^2} \times A$ 要成為有限小數，A 就必須是 7 與 3

的公倍數。因此最小的自然數 A 是 7 與 3 的最小公倍數是 21。

實戰演練 2-12

若 x = 4.0323232⋯，則

$$1000x = 4032.3232\cdots$$

$$-)\ \ \ \ 10x = \ \ \ \ 40.3232\cdots$$

$$990x = 3992$$

$$\therefore x = \frac{3992}{990} = \frac{1996}{495}$$

實戰演練 2-13

因為 $0.\dot{3} = \dfrac{3}{9} = \dfrac{1}{3}$，所以 $a = 3$

因為 $1.\dot{6} = \dfrac{16-1}{9} = \dfrac{5}{3}$，所以 $b = \dfrac{3}{5}$

$\therefore \dfrac{a}{b} = 3 \div \dfrac{3}{5} = 3 \times \dfrac{5}{3} = 5$

實戰演練 2-14

因為 $0.\dot{a} = \dfrac{a}{9}$，所以 $\dfrac{1}{5} < 0.\dot{a} < \dfrac{8}{15}$，$\dfrac{1}{5} < \dfrac{a}{9} < \dfrac{8}{15}$，$\dfrac{9}{45} < \dfrac{5a}{45} < \dfrac{24}{45}$

$\therefore 9 < 5a < 24$

因此滿足上列算式的個位數自然數 a 的個數是 3。

實戰演練 3-1

① $\sqrt{16} = 4$ 的平方根是 ± 2。

② 0 的平方根是 0。

③ 沒有負數的平方根。

⑤ $\sqrt{9} - \sqrt{4} = 3 - 2 = 1$。

實戰演練 3-2

平方根 144 是 $\sqrt{144} = 12$，所以 $A = 12$，

$(-7)^2 = 49$ 的負的平方根是 $-\sqrt{49} = -7$，$B = -7$

由此得出 $A + B = 12 + (-7) = 5$。

實戰演練 3-3

因 $a < 0$，$-2a > 0$、又因 $a < b$，$a - b < 0$，

$\therefore \sqrt{(-2a)^2} + \sqrt{b^2} + \sqrt{(a-b)^2}$

$= -2a - b - (a - b) = -2a - b - a + b$

$= -3a$

實戰演練 3-4

因 $\dfrac{540}{x} = \dfrac{2^2 \times 3^3 \times 5}{x}$，須為 $x = 3 \times 5 \times a^2$（$a = 1$、$2$、$3$、$6$）。

這時 x 是 540 的因數、也是最大兩位數自然數 $x = 3 \times 5 \times 2^2 = 60$。

實戰演練 3-5

1. 負數的絕對值：$\sqrt{\dfrac{9}{2}} < \sqrt{16} < \sqrt{17}$，所以 $-\sqrt{17} < -4 < -\sqrt{\dfrac{9}{2}}$ $\quad \therefore x = -\sqrt{17}$

2. 正數：$\sqrt{(-3)^2} = \sqrt{9}$ 且 $\sqrt{\dfrac{16}{3}} < \sqrt{9} < \sqrt{12}$，所以 $\sqrt{\dfrac{16}{3}} < \sqrt{(-3)^2} < \sqrt{12}$ $\quad \therefore y = \sqrt{12}$

在上述中，$x^2 + y^2 = (-\sqrt{17})^2 + (\sqrt{12})^2$
$= 17 + 12 = 29$。

實戰演練 3-6

在 $\sqrt{5} \le \sqrt{x} < 3$ 中，因 $(\sqrt{5})^2 \le (\sqrt{x})^2 < 3^2$，所以 $5 \le x < 9$，
得出自然數 x 的值是 5、6、7、8。

實戰演練 3-7

② 因 $-\sqrt{2^4} = -4$，是有理數。

③ $3.\overset{\cdot}{5}\overset{\cdot}{2}$ 是循環小數，是有理數。

⑥ 因 $-\sqrt{0.01} = -0.1$，是有理數。

實戰演練 3-8

② 因 $\sqrt{2} + (-\sqrt{2}) = 0$，兩無理數的和也可能是有理數。

實戰演練 3-9

④ 無法找到最靠近 1 的有理數。

實戰演練 3-10

(小正方形面積) $= 3 \times 3 - 4 \times (\dfrac{1}{2} \times 2 \times 1) = 5$，所以小正方形的邊長為 $\sqrt{5}$。

(大正方形面積) $= 4 \times 4 - 4 \times (\dfrac{1}{2} \times 3 \times 1) = 10$，所以大正方形的邊長為 $\sqrt{10}$。

由於 $A(-4 - \sqrt{5})$，$B(1 - \sqrt{10})$，$C(-4 + \sqrt{5})$，$D(1 + \sqrt{10})$，
$\therefore (-4 - \sqrt{5}) + (1 - \sqrt{10}) + (-4 + \sqrt{5}) + (1 + \sqrt{10}) = -6$

實戰演練 3-11

(1) $2-(\sqrt{10}-1)=3-\sqrt{10}=\sqrt{9}-\sqrt{10}<0$

$\therefore 2<\sqrt{10}-1$

(2) $(\sqrt{10}-\sqrt{7})-(3-\sqrt{7})$

$=\sqrt{10}-3=\sqrt{10}-\sqrt{9}>0$

$\therefore \sqrt{10}-\sqrt{7}>3-\sqrt{7}$

(3) $(\sqrt{18}-3)-1=\sqrt{18}-4=\sqrt{18}-\sqrt{16}>0$

$\therefore \sqrt{18}-3>1$

(4) $(-\sqrt{14}-1)-(-\sqrt{14}-\sqrt{2})=-1+\sqrt{2}>0$

$\therefore -\sqrt{14}-1>\sqrt{14}-\sqrt{2}$

實戰演練 3-12

$-\sqrt{2}-1$ 是負數，$\sqrt{2}+2$、$\sqrt{2}+\sqrt{3}$、4 是正數。

這時，因 $(\sqrt{2}+2)-(\sqrt{2}+\sqrt{3})=2-\sqrt{3}>0$，所以 $\sqrt{2}+2>\sqrt{2}+\sqrt{3}$

又 $(\sqrt{2}+2)-4=\sqrt{2}-2<0$，所以 $\sqrt{2}+2<4$

$\therefore 4>\sqrt{2}+2>\sqrt{2}+\sqrt{3}>-\sqrt{2}-1$

得出第二個出現的數是 $\sqrt{2}+2$

實戰演練 4-1

(1) $(\sqrt{144})-\sqrt{(-2)^2}\times\sqrt{12}\times\sqrt{5}$

$=12\times2\times2\sqrt{3}\times\sqrt{5}=48\sqrt{15}$

(2) $\sqrt{48}\times\sqrt{18}\div\sqrt{\dfrac{2}{9}}\div\sqrt{108}$

$=4\sqrt{3}\times3\sqrt{2}\times\dfrac{3}{\sqrt{2}}\times\dfrac{1}{6\sqrt{3}}$

$=6$

實戰演練 4-2

因 $\sqrt{150}=\sqrt{25\times6}=5\sqrt{6}$，所以 a = 5

因 $\sqrt{\dfrac{32}{9}} = \dfrac{\sqrt{32}}{\sqrt{9}} = \dfrac{4\sqrt{2}}{3}$，所以 $b = \dfrac{4}{3}$

$\therefore a + b = 5 + \dfrac{4}{3} = \dfrac{19}{3}$

實戰演練 4-3

(1) $\dfrac{3}{\sqrt{7}} = \dfrac{3\sqrt{7}}{\sqrt{7}\sqrt{7}} = \dfrac{3\sqrt{7}}{7}$

(2) $\dfrac{2}{3\sqrt{5}} = \dfrac{2\sqrt{5}}{3\sqrt{5}\sqrt{5}} = \dfrac{2\sqrt{5}}{15}$

(3) $\dfrac{\sqrt{5}}{2\sqrt{3}} = \dfrac{\sqrt{5}\sqrt{3}}{2\sqrt{3}\sqrt{3}} = \dfrac{\sqrt{15}}{6}$

(4) $\dfrac{\sqrt{3}}{3\sqrt{2}} = \dfrac{\sqrt{3}\sqrt{2}}{3\sqrt{2}\sqrt{2}} = \dfrac{\sqrt{6}}{6}$

實戰演練 4-4

(1) $\sqrt{18} - 3\sqrt{2} = 3\sqrt{2} - 3\sqrt{2} = 0$

(2) $4\sqrt{2} - \sqrt{8} + \sqrt{48} - 3\sqrt{3}$

$= 4\sqrt{2} - 2\sqrt{2} + 4\sqrt{3} - 3\sqrt{3}$

$= 2\sqrt{2} + \sqrt{3}$

(3) $\sqrt{48} + 5\sqrt{3} - \dfrac{6}{\sqrt{3}}$

$= 4\sqrt{3} + 5\sqrt{3} - 2\sqrt{3}$

$= 7\sqrt{3}$

實戰演練 4-5

(1) $\sqrt{3}(\sqrt{6} + \sqrt{3}) - \dfrac{10}{\sqrt{2}}(\sqrt{8} - \sqrt{2})$

$= \sqrt{18} + \sqrt{9} - 10\sqrt{4} + 10$

$= 3\sqrt{2} + 3 - 20 + 10$

$= -7 + 3\sqrt{2}$

(2) $(\sqrt{2}-2)^2-(3\sqrt{2}+4)(3\sqrt{2}-4)$

$\quad = (\sqrt{2})^2-4\sqrt{2}+2^2-[(3\sqrt{2})^2-4^2]$

$\quad = 6-4\sqrt{2}-(18-16)$

$\quad = 4-4\sqrt{2}$

實戰演練 4-6

$\dfrac{\sqrt{12}-2}{\sqrt{3}-2}-\dfrac{2}{\sqrt{5}+\sqrt{3}}$

$= \dfrac{(2\sqrt{3}-2)(\sqrt{3}+2)}{(\sqrt{3}-2)(\sqrt{3}+2)}-\dfrac{2(\sqrt{5}-\sqrt{3})}{(\sqrt{5}+\sqrt{3})(\sqrt{5}-\sqrt{3})}$

$= -(6+4\sqrt{3}-2\sqrt{3}-4)-(\sqrt{5}-\sqrt{3})$

$= -2-2\sqrt{3}-\sqrt{5}+\sqrt{3}$

$= -2-\sqrt{3}-\sqrt{5}$

因此 $a=-2$、$b=-1$、$c=-1$,

$a+b+c=-2+(-1)+(-1)=-4$

實戰演練 4-7

(1) $\sqrt{2000}=\sqrt{20\times100}=10\sqrt{20}$

$\quad = 10\times4.472=44.72$

(2) $\sqrt{0.2}=\sqrt{\dfrac{20}{10^2}}=\dfrac{\sqrt{20}}{10}=\dfrac{4.472}{10}=0.4472$

(3) $\sqrt{50}=\sqrt{25\times2}=5\sqrt{2}=5\times1.414=7.07$

(4) $\sqrt{\dfrac{1}{20}}=\dfrac{\sqrt{20}}{20}=\dfrac{4.472}{20}=0.2236$

實戰演練 4-8

$\dfrac{\sqrt{45}-\sqrt{20}}{\sqrt{2}}=\dfrac{3\sqrt{5}-2\sqrt{5}}{\sqrt{2}}=\dfrac{\sqrt{5}}{\sqrt{2}}=\dfrac{\sqrt{10}}{2}$

$= \dfrac{1}{2}\times3.16$

$= 1.58$

第 1 ～ 4 天單元總整理題型（p.36 ～ 41）

1. 12 ／ 2. 100 ／ 3. 15 名／ 4. 8 種／ 5. 上午 9 點 16 分／ 6. 20 天／ 7. (a) 減法交換律 (b) 加法結合律／ 8. $-\dfrac{2}{3}$ ／ 9. -9 ／ 10. 　(1) -12　(2) 3　(3) -5　(4) -4　(5) 1 ／ 11. ③ ／ 12. 99 ／ 13. $a = 21$，$b = 50$ ／ 14. ④ ／ 15. 227 ／ 16. 1. $2\overset{..}{4}$ ／ 17. ③ ／ 18. 2 ／ 19. 4 ／ 20. $\dfrac{3+\sqrt{2}}{2}$ ／ 21. 409 ／ 22. $\sqrt{3}$ ／ 23. 4 ／ 24. 6 ／ 25. 　(1) -5 (2) $2 - 2\sqrt{2}$　(3) $3\sqrt{2}$ ／ 26. 5 ／ 27. ⑤

---

1. $72 = 2^3 \times 3^2$，$n(72) = (3 + 1) \times (2 + 1) = 12$

   $48 = 2^4 \times 3$，$n(48) = (4 + 1) \times (1 + 1) = 10$

   這時 $n(72) \times n(48) \times n(a) = 720$，

   所以 $12 \times 10 \times n(a) = 720$

   得出 $n(a) = 6$。

   另一方面，$6 = 3 \times 2 = (2 + 1) \times (1 + 1)$，

   所以最小的自然數 $a = 2^2 \times 3^1 = 12$

2. (b) 的乘積是 10，其質因數是 2 與 5，所以是 $2^a \times 5^b$。

   這時 (a) 的 n 比 90 大、比 110 小的自然數中，進行因數分解時，$2^a \times 5^b$ 可成立的數，所以 $n = 2^2 \times 5^2 = 100$

3. 盡可能平均分配給更多學生，因此學生人數必須是 30、45、75 的最大公因數，因此 $3 \times 5 = 15$(位)。

   $$\begin{array}{r|ccc} 3 & 30 & 45 & 75 \\ 5 & 10 & 15 & 25 \\ \hline & 2 & 3 & 5 \end{array}$$

4. 正方形的磁磚，一邊長必須為 168、72 的公因數。

   這時 168 與 72 的最大公因數是 $2^3 \times 3 = 24$，所以 168、72 的公因數是 24 的因數 1、2、3、4、6、8、12、24。所以邊長不同的正方形磁磚種類有 8 種。

$$
\begin{array}{r|rr}
2 & 168 & 72 \\
\hline
2 & 84 & 36 \\
\hline
2 & 42 & 18 \\
\hline
3 & 21 & 9 \\
\hline
& 7 & 3
\end{array}
$$

5. 上午 6 點 28 分之後兩臺客運再次同時出發所需的時間是 8、14 的最小公倍數，即 $2 \times 4 \times 7 = 56$，兩客運每 56 分鐘同時出發。

因此，上午 6 點 28 分同時出發後，上午 7 點 24 分、8 點 20 分、9 點 16 分會同時出發，得出所求時間為上午 9 點 16 分。

$$
\begin{array}{r|rr}
2 & 8 & 14 \\
\hline
& 4 & 7
\end{array}
$$

6. A 的週期是 5 日、B 的週期是 7 日，所以 5 與 7 的最小公倍數是 35 日。

這時 35 日期間，A 的休息日是 5、10、15、…、35 且 B 的休息日是 6、7、13、14、…、34、35，所以同時休息的日子是 20、35 兩天。

因此 $365 = 35 \times 10 + 15$，得出同時休息的日子是 $2 \times 10 = 20($ 天 $)$。

8. -2 的倒數是 $-\dfrac{1}{2}$，所以 $a = -\dfrac{1}{2}$

$0.75 = \dfrac{3}{4}$ 的倒數是 $\dfrac{4}{3}$，所以 $b = \dfrac{4}{3}$

$\therefore ab = (-\dfrac{1}{2}) \times \dfrac{4}{3} = -\dfrac{2}{3}$

9. 在 $(-\dfrac{1}{3})^2 \times \square \div (-3)^2 = -\dfrac{1}{9}$，

$\dfrac{1}{9} \times \square \div 9 = -\dfrac{1}{9}$ ， $\dfrac{1}{9} \times \square \times \dfrac{1}{9} = -\dfrac{1}{9}$

$\square \times \dfrac{1}{81} = -\dfrac{1}{9}$

$\therefore \square = (-\dfrac{1}{9}) \div \dfrac{1}{81} = (-\dfrac{1}{9}) \times 81 = -9$

10. (1) $(-8) \div 2 - 2 \times 4 = (-4) - 8 = -12$

(2) $3 \times [(-2)^2 - 5] - 6 \times (-1)^3$

$$= 3 \times (4 - 5) - 6 \times (-1)$$

$$= -3 + 6 = 3$$

(3) $[3 - (2 - 8) \times (-\dfrac{1}{3})] + (-6)$

$$= [3 - (-6) \times (-\dfrac{1}{3})] + (-6)$$

$$= [3 - (+2)] + (-6) = 1 + (-6) = -5$$

(4) $\dfrac{3}{4} \div (-\dfrac{1}{2})^2 - 2^2 \times \dfrac{7}{4}$

$$= \dfrac{3}{4} \div \dfrac{1}{4} - 4 \times \dfrac{7}{4} = \dfrac{3}{4} \times 4 - 7$$

$$= 3 - 7 = -4$$

(5) $2 \times (-1)^3 - \dfrac{9}{2} \div [5 \times (-\dfrac{1}{2}) + 1]$

$$= 2 \times (-1) - \dfrac{9}{2} \div (-\dfrac{5}{2} + 1)$$

$$= -2 - \dfrac{9}{2} \div (-\dfrac{3}{2}) = -2 - \dfrac{9}{2} \times (-\dfrac{2}{3})$$

$$= -2 + 3 = 1$$

11. 將分數轉化成最簡分數時，分母的質因數只能有 2 與 5，才能形成有限小數。

　③ $\dfrac{21}{2^2 \times 3 \times 5} = \dfrac{7}{2^2 \times 5}$

12. 若 $\dfrac{11 \times a}{360} = \dfrac{11 \times a}{2^3 \times 3^2 \times 5}$ 要成為有限小數，a 必須是 3^2 的倍數。所以求得的最大兩位數自然數 a 是 99。

13. 若 $\dfrac{a}{150} = \dfrac{a}{2 \times 3 \times 5^2} = \dfrac{7}{b}$ 要成為有限小數，a 必須是 3 的倍數。

　這時 $20 \le a \le 30$ 的 3 的倍數是 21、24、27、30，且 a 必須是 7 的倍數，所以

　a = 21，因此 $\dfrac{21}{150} = \dfrac{7}{b}$，b = 50。

14. ① $0.4\dot{7} = \dfrac{47-4}{90} = \dfrac{43}{90}$

 ② $0.\dot{3}4\dot{5} = \dfrac{345}{999} = \dfrac{115}{333}$

 ③ $0.\dot{2}\dot{6} = \dfrac{26}{99}$

 ④ $1.\dot{8}\dot{9} = \dfrac{189-1}{99} = \dfrac{188}{99}$

 ⑤ $2.\dot{6}\dot{7} = \dfrac{267-2}{99} = \dfrac{265}{99}$

15. 因 $2.0\dot{4} = \dfrac{204-20}{90} = \dfrac{184}{90} = \dfrac{92}{45}$，$0.\dot{4} = \dfrac{4}{9}$，

 $2.0\dot{4} \times \dfrac{n}{m} = (0.\dot{4})^2$，$\dfrac{92}{45} \times \dfrac{n}{m} = (\dfrac{4}{9})^2$

 $\therefore \dfrac{n}{m} = \dfrac{16}{81} \times \dfrac{45}{92} = \dfrac{20}{207}$

 即 $m = 207$、$n = 20$，所以 $m + n = 207 + 20 = 227$

16. 敏雅：$2.2\dot{7} = \dfrac{227-22}{90} = \dfrac{205}{90} = \dfrac{41}{18}$、瑞希：$0.\dot{5}\dot{7} = \dfrac{57}{99} = \dfrac{19}{33}$，因此最一開

 始的最簡分數是 $\dfrac{41}{33}$，$\dfrac{41}{33} = 1.2424\cdots = 1.\dot{2}\dot{4}$。

17. (a) $\sqrt{(-6)^2} = 6$、(c) $-\sqrt{(-\dfrac{1}{4})^2} = -\dfrac{1}{4}$

18. 因 $0 < x < 1$，所以 $1 + \dfrac{1}{x} > 0$，$1 - \dfrac{1}{x} < 0$

 得出 $(1 + \dfrac{1}{x}) + (1 - \dfrac{1}{x}) = 2$。

19. 在 $\dfrac{3}{2} < \sqrt{x-1} \le 3$ 中，$(\dfrac{3}{2})^2 < (\sqrt{x-1})^2 \le 3^2$，$\dfrac{9}{4} < x-1 \le 9$　$\therefore \dfrac{13}{4} < x \le 10$，

 所以自然數 x 中，2 的倍數的個數有 4、6、8、10，共 4 個。

20. 因 $S_1 = 1$，所以 $\overline{OB} = \overline{OA} = 1$

 因 $S_2 = \dfrac{1}{2} S_1 = \dfrac{1}{2}$，所以 $\overline{BB_1} = \overline{BA_1} = \sqrt{\dfrac{1}{2}} = \dfrac{\sqrt{2}}{2}$

因 $S_3 = \dfrac{1}{2}S_2 = \dfrac{1}{4}$，所以 $\overline{B_1B_2} = \overline{B_1A_2} = \sqrt{\dfrac{1}{4}} = \dfrac{1}{2}$

$\therefore \overline{OB_2} = \overline{OB} + \overline{BB_1} + \overline{B_1B_2}$

$= 1 + \dfrac{\sqrt{2}}{2} + \dfrac{1}{2} = \dfrac{3+\sqrt{2}}{2}$

21. 因 $1.0\dot{2} = \dfrac{92}{90} = \dfrac{46}{45} = \dfrac{2 \times 23}{3^2 \times 5}$，$0.\dot{1} = \dfrac{1}{9}$

在 $\sqrt{1.0\dot{2} \times \dfrac{b}{a}} = \sqrt{\dfrac{2 \times 23 \times b}{3^2 \times 5 \times a}} = \dfrac{1}{9}$ 中，

$\dfrac{2 \times 23 \times b}{3^2 \times 5 \times a} = \dfrac{1}{81}$，$\dfrac{2 \times 23 \times b}{5 \times a} = \dfrac{1}{9}$，

$\therefore \dfrac{b}{a} = \dfrac{1}{9} \times \dfrac{5}{46} = \dfrac{5}{414}$

即 $a = 414$、$b = 5$，$a - b = 414 - 5 = 409$

22. $\sqrt{12} - \dfrac{9}{\sqrt{27}} = 2\sqrt{3} - \dfrac{9}{3\sqrt{3}} = 2\sqrt{3} - \sqrt{3} = \sqrt{3}$

23. $\dfrac{4}{\sqrt{3}+1} = \dfrac{4(\sqrt{3}-1)}{(\sqrt{3}+1)(\sqrt{3}-1)} = 2(\sqrt{3}-1)$

$= -2 + 2\sqrt{3}$

因此 $A = -2$、$B = 2$，

$B - A = 2 - (-2) = 4$

24. $a(a+b) - b(a+b)$

$= a^2 + ab - ab - b^2 = a^2 - b^2$

$= (3\sqrt{2})^2 - (2\sqrt{3})^2$

$= 18 - 12 = 6$

25. (1) $\sqrt{(-6)^2} + (-2\sqrt{3})^2 - \sqrt{3}\left(2\sqrt{48} - \sqrt{\dfrac{1}{3}}\right)$

$= 6 + 12 - \sqrt{3}\left(8\sqrt{3} - \dfrac{1}{\sqrt{3}}\right)$

$= 6 + 12 - 24 + 1$

$= -5$

(2) $2\sqrt{18} \div \sqrt{27} \times \sqrt{\dfrac{3}{2}} - \dfrac{4}{\sqrt{2}}$

$= 6\sqrt{2} \div 3\sqrt{3} \times \dfrac{\sqrt{3}}{\sqrt{2}} - \dfrac{4\sqrt{2}}{2}$

$= 6\sqrt{2} \times \dfrac{1}{3\sqrt{3}} \times \dfrac{\sqrt{3}}{\sqrt{2}} - 2\sqrt{2}$

$= 2 - 2\sqrt{2}$

(3) $-\sqrt{8} - \sqrt{3}(2\sqrt{6} - \sqrt{24}) + 5\sqrt{2}$

$= -2\sqrt{2} - 6\sqrt{2} + 6\sqrt{2} + 5\sqrt{2}$

$= 3\sqrt{2}$

26. $x = \dfrac{(\sqrt{3} - \sqrt{2})^2}{(\sqrt{3} + \sqrt{2})(\sqrt{3} - \sqrt{2})} = 5 - 2\sqrt{6}$，

這時，$x = 5 - 2\sqrt{6}$，$x - 5 = -2\sqrt{6}$，兩邊同時平方，

得出 $x^2 - 10x + 25 = 24$

所以 $x^2 - 10x = -1$，$x^2 - 10x + 6 = -1 + 6 = 5$

27. (1) $\sqrt{300} = \sqrt{3 \times 100} = 10\sqrt{3} = 10 \times 1.732 = 17.32$

(2) $\sqrt{3000} = \sqrt{30 \times 100} = 10\sqrt{30} = 10 \times 5.477 = 54.77$

(3) $\sqrt{0.3} = \sqrt{\dfrac{30}{10^2}} = \dfrac{\sqrt{30}}{10} = \dfrac{5.477}{10} = 0.5477$

(4) $\sqrt{0.03} = \sqrt{\dfrac{3}{10^2}} = \dfrac{\sqrt{3}}{10} = \dfrac{1.732}{10} = 0.1732$

(5) $\sqrt{0.003} = \sqrt{\dfrac{30}{10^4}} = \dfrac{\sqrt{30}}{100} = \dfrac{5.477}{100} = 0.05477$

第2章　代數1

第5～7天（p.44～58）

第5天

實戰演練 5-1　(1)a^{18}　(2)a^7b^{14}　(3)a^6　(4)$\dfrac{y^3}{xz}$／實戰演練 5-2 10／實戰演練 5-3 20／實戰演練 5-4　(1)a^6b^2　(2)$12ab^3$　(3)x^6y／實戰演練 5-5 (1)$-x^2-5x+4$　(2)$3x-10$　(3)$5x-4y$　(4)$11x-20$／實戰演練 5-6　(1)$8a-9b$ (2)$6x$　(3)$-11x^2-2xy$／實戰演練 5-7　$12x+20y-16$

第6天

實戰演練 6-1　(1)4　(2)-24／實戰演練 6-2 $5a^2+ab-11a+2b-10$／實戰演練 6-3 ② ⑤／實戰演練 6-4　(1)$5x^2+11x-24$　(2)x^2-2x+2　(3)x^8-1／實戰演練 6-5　(1)x^2-9y^2+4x+4　(2) $x^4-2x^3-17x^2+18x+72$／實戰演練 6-6 15.9991／實戰演練 6-7　(1)30　(2)14　(3)23／實戰演練 6-8　(1) $x=-\dfrac{3}{y-4}$ (2)$y=\dfrac{7}{9}x-\dfrac{1}{9}$　(3)$p=\dfrac{b-a}{bq}$／實戰演練 6-9 5

第7天

實戰演練 7-1　(1)$x^2(y+3)$　(2)$(a+1)(a+2)$　(3)$(b-c)(a+d)$／實戰演練 7-2　(1) $(a+10)^2$　(2) $(3x-4y)^2$　(3) $(a+9b)(a-9b)$　(4) $-4(2x+3)(2x-3)$ (5)$(x+7)(x-9)$　(6)$(2x-3)(x-4)$／實戰演練 7-3　(1)64　(2)$\dfrac{4}{5}$／實戰演練 7-4 7／實戰演練 7-5　(1)$(x-1)(x+2)(x-2)$　(2)$2(x-2)(2x-3)$　(3)$(x^2+3x+1)^2$ (4)$(y+2)(x+1)(x-1)$　(5)$(x-y+2)(x-y-2)$　(6)$(x+y-5)(x+y+4)$／實戰演練 7-6　(1)575　(2)-200／實戰演練 7-7 -2

實戰演練 5-1

(1) $(a^2)^3 \times (a^3)^4 = a^6 \times a^{12} = a^{6+12} = a^{18}$

(2) $(a^2b^4)^2 \times (ab^2)^3 = a^4b^8 \times a^3b^6 = a^7b^{14}$

(3) $(a^4)^3 \div (a^2)^3 = a^{12} \div a^6 = a^{12-6} = a^6$

(4) $(xy^3z)^2 \div (xyz)^3 = x^2y^6z^2 \div x^3y^3z^3$

$$= \frac{x^2y^6z^2}{x^3y^3z^3} = \frac{y^3}{xz}$$

實戰演練 5-2

$2^4 \div 2^a = \dfrac{1}{2^5}$，$a - 4 = 5$，所以 $a = 9$

$16 \div 2^b \times 4 = 32$，$2^4 \div 2^b \times 2^2 = 2^5$，

$2^{4-b+2} = 2^5$，即 $6 - b = 5$，所以 $b = 1$

得出 $a + b = 9 + 1 = 10$

實戰演練 5-3

$2^{10} \times 3^2 \times 5^9 = 2 \times 2^9 \times 3^2 \times 5^9$

$$= 2 \times 3^2 \times (2 \times 5)^9$$

$$= 18 \times 10^9$$

所以 $2^{10} \times 3^2 \times 5^9$ 是 11 位數的自然數，$n = 11$

又個位數數字和為 $1 + 8 = 9$，$m = 9$

得出 $m + n = 9 + 11 = 20$

實戰演練 5-4

(1) $(a^2b^3)^2 \times (\dfrac{a^2}{b})^3 \div a^4b$

$$= a^4b^6 \times \frac{a^6}{b^3} \times \frac{1}{a^4b} = a^6b^2$$

(2) $(-4a^2b^3) \div (-3a^3b^4) \times (3ab^2)^2$

$$= (-4a^2b^3) \times (-\frac{1}{3a^3b^4}) \times 9a^2b^4 = 12ab^3$$

(3) $(-xy^2)^2 \div [-(xy^3)^2] \times (-x^2y)^3$

$\quad = x^2y^4 \div (-x^2y^6) \times (-x^6y^3)$

$\quad = x^2y^4 \times (-\dfrac{1}{x^2y^6}) \times (-x^6y^3) = x^6y$

實戰演練 5-5

(1) $(3x^2 - 10x + 2) - (4x^2 - 5x - 2)$

$\quad = 3x^2 - 10x + 2 - 4x^2 + 5x + 2$

$\quad = -x^2 - 5x + 4$

(2) $2x - [3x - (4x - 3)] - 7$

$\quad = 2x - (-x + 3) - 7 = 3x - 10$

(3) $2x - \{7y - 2x - [2x - (x - 3y)]\}$

$\quad = 2x - [7y - 2x - (x + 3y)]$

$\quad = 2x - (-3x + 4y) = 5x - 4y$

(4) $3x - 2[3(-x + 1) + 4] + 2(x - 3)$

$\quad = 3x - 2(-3x + 3 + 4) + 2x - 6$

$\quad = 3x + 6x - 14 + 2x - 6 = 11x - 20$

實戰演練 5-6

(1) $4(a - b) - (12a^2b - 15ab^2) \div (-3ab)$

$\quad = 4a - 4b - (12a^2b - 15ab^2) \times (-\dfrac{1}{3ab})$

$\quad = 4a - 4b - (-4a + 5b)$

$\quad = 4a - 4b + 4a - 5b = 8a - 9b$

(2) $(12x^2 - 9x^2y) \div 3x - (4xy + 6xy^2) \div (-2y)$

$\quad = (12x^2 - 9x^2y) \times \dfrac{1}{3x} - (4xy + 6xy^2) \times (-\dfrac{1}{2y})$

$\quad = (4x - 3xy) - (-2x - 3xy)$

$\quad = 4x - 3xy + 2x + 3xy = 6x$

(3) $-2x(3x - y) - \dfrac{15x^2y + 12xy^2}{3y}$

$= -6x^2 + 2xy - (5x^2 + 4xy)$

$= -6x^2 + 2xy - 5x^2 - 4xy$

$= -11x^2 - 2xy$

實戰演練 5-7

$6x \times 5y - \dfrac{1}{2} \times (5y - 4) \times 6x - \dfrac{1}{2} \times (6x - 8) \times 5y - \dfrac{1}{2} \times 4 \times 8$

$= 30xy - (15xy - 12x) - (15xy - 20y) - 16$

$= 30xy - 15xy + 12x - 15xy + 20y - 16$

$= 12x + 20y - 16$

實戰演練 6-1

(1) $(Ax - 1)(3x + B)$

$= 3Ax^2 + ABx - 3x - B$

$= 3Ax^2 + (AB - 3)x - B$

這時，$3A = 6$、$B = 2$，所以 $A = 2$、$B = 2$

得出 $A + B = 2 + 2 = 4$

(2) $(5x + Ay)(3x - 4y)$

$= 15x^2 - 20xy + 3Axy - 4Ay^2$

$= 15x^2 + (3A - 20)xy - 4Ay^2$

這時 $3A - 20 = B$、$-4A = 4$，

$A = -1$、$B = 3 \times (-1) - 20 = -23$

得出 $A + B = -1 + (-23) = -24$

實戰演練 6-2

$2a(3a - 2) - (a + 2)(a - b + 5)$

$= 6a^2 - 4a - a^2 + ab - 5a - 2a + 2b - 10$

$= 5a^2 + ab - 11a + 2b - 10$

實戰演練 6-3

② $(-x + 4)(4 + x) = (4 - x)(4 + x) = 16 - x^2$

⑤ $(-x - 2y)^2 = [-(x + 2y)]^2 = (x + 2y)^2 = x^2 + 4xy + 4y^2$

實戰演練 6-4

(1) $(2x + 5)(3x - 4) - (x - 2)^2$

$\quad = 6x^2 + 7x - 20 - (x^2 - 4x + 4)$

$\quad = 6x^2 + 7x - 20 - x^2 + 4x - 4$

$\quad = 5x^2 + 11x - 24$

(2) $2(x - 3)^2 - (x - 2)(x - 8)$

$\quad = 2(x^2 - 6x + 9) - (x^2 - 10x + 16)$

$\quad = 2x^2 - 12x + 18 - x^2 + 10x - 16$

$\quad = x^2 - 2x + 2$

(3) $(x - 1)(x + 1)(x^2 + 1)(x^4 + 1)$

$\quad = (x^2 - 1)(x^2 + 1)(x^4 + 1)$

$\quad = (x^4 - 1)(x^4 + 1) = x^8 - 1$

實戰演練 6-5

(1) 當 $x + 2 = A$ 時，

$(x - 3y + 2)(x + 3y + 2) = (A - 3y)(A + 3y)$

$\quad\quad\quad\quad\quad\quad\quad\quad\quad = A^2 - 9y^2$

$\quad\quad\quad\quad\quad\quad\quad\quad\quad = (x + 2)^2 - 9y^2$

$\quad\quad\quad\quad\quad\quad\quad\quad\quad = x^2 - 9y^2 + 4x + 4$

(2) $(x + 2)(x + 3)(x - 3)(x - 4) = (x + 2)(x - 3)(x + 3)(x - 4)$

$\quad\quad\quad\quad\quad\quad\quad\quad\quad\quad\quad\quad = (x^2 - x - 6)(x^2 - x - 12)$

當 $x^2 - x = A$ 時，

$(A - 6)(A - 12) = A^2 - 18A + 72$

$\quad\quad\quad\quad\quad\quad = (x^2 - x)^2 - 18(x^2 - x) + 72$

$\quad\quad\quad\quad\quad\quad = x^4 - 2x^3 + x^2 - 18x^2 + 18x + 72$

$\quad\quad\quad\quad\quad\quad = x^4 - 2x^3 - 17x^2 + 18x + 72$

實戰演練 6-6

4.03×3.97

$= (4 + 0.03)(4 - 0.03)$

$= 4^2 - 0.03^2$

$= 16 - 0.0009$

$= 15.9991$

實戰演練 6-7

(1) $x^2 + y^2 = (x + y)^2 - 2xy$

$= (2\sqrt{3})^2 - 2 \times (-9)$

$= 12 + 18 = 30$

(2) $x^2 + \dfrac{1}{x^2} = (x + \dfrac{1}{x})^2 - 2 = 4^2 - 2 = 14$

(3) $x^2 + 5x + 1 = 0$ 的兩邊同時除以 x 時，

因 $x + 5 + \dfrac{1}{x} = 0$，$x + \dfrac{1}{x} = -5$，

$\therefore x^2 + \dfrac{1}{x^2} = (x + \dfrac{1}{x})^2 - 2$

$= (-5)^2 - 2$

$= 23$

實戰演練 6-8

(1) $xy - 4x + 3 = 0$，$x(y - 4) = -3$，

$\therefore x = -\dfrac{3}{y - 4}$

(2) 因 $-9y = -7x + 1$，

$\therefore y = \dfrac{7}{9}x - \dfrac{1}{9}$

(3) 因 $\dfrac{a}{b} = 1 - pq$，$pq = 1 - \dfrac{a}{b} = \dfrac{b - a}{b}$

$\therefore p = \dfrac{b - a}{bq}$

實戰演練 6-9

在 $(x - y) : (x + 3y) = 2 : 3$ 中，

$2(x + 3y) = 3(x - y)$，$2x + 6y = 3x - 3y$，$x = 9y$

$\therefore \dfrac{2x - 3y}{x - 6y} = \dfrac{18y - 3y}{9y - 6y} = \dfrac{15y}{3y} = 5$

實戰演練 7-1

(1) $x^2 y + 3x^2 = x^2(y + 3)$

(2) $(a + 1)(a - 1) + 3(a + 1)$

$\quad = (a + 1)(a - 1 + 3)$

$\quad = (a + 1)(a + 2)$

(3) $a(b - c) - d(c - b)$

$\quad = a(b - c) + d(b - c)$

$\quad = (b - c)(a + d)$

實戰演練 7-2

(1) $a^2 + 20a + 100 = a^2 + 2 \times a \times 10 + 10^2 = (a + 10)^2$

(2) $9x^2 - 24xy + 16y^2$

$\quad = (3x)^2 - 2 \times 3x \times 4y + (4y)^2$

$\quad = (3x - 4y)^2$

(3) $a^2 - 81b^2 = a^2 - (9b)^2 = (a + 9b)(a - 9b)$

(4) $36 - 16x^2 = -4(4x^2 - 9)$

$\qquad\qquad\quad = -4[(2x)^2 - 3^2]$

$\qquad\qquad\quad = -4(2x + 3)(2x - 3)$

(5) $x^2 - 2x - 63 = (x + 7)(x - 9)$

(6) $2x^2 - 11x + 12 = (2x - 3)(x - 4)$

實戰演練 7-3

(1) 因 $x^2 - 16x + A = x^2 - 2 \times x \times 8 + A$，$A = 8^2 = 64$

(2) 因 $4x^2 + Ax + \dfrac{1}{25} = (2x \pm \dfrac{1}{5})^2$ ，

$\quad Ax = \pm 2 \times 2x \times \dfrac{1}{5} = \pm \dfrac{4}{5} x$

$\quad \therefore A = \dfrac{4}{5} (\because A > 0)$

實戰演練 7-4

當 $4x^2 - ax + 3 = (x - 1)(4x + m)$ 時，

$m - 4 = -a$，$-m = 3$，

$m = -3$，$-3 - 4 = -a$，所以 $a = 7$

實戰演練 7-5

(1) $x^3 - x^2 - 4(x - 1) = x^2(x - 1) - 4(x - 1)$

$$= (x - 1)(x^2 - 4)$$

$$= (x - 1)(x + 2)(x - 2)$$

(2) 用 $2x - 1 = A$ 代換，

$x^3 - x^2 - 4(x - 1) = A^2 - 5A + 6$

$$= (A - 2)(A - 3)$$

$$= (2x - 3)(2x - 4)$$

$$= 2(x - 2)(2x - 3)$$

(3) $x(x + 1)(x + 2)(x + 3) + 1$

$$= [x(x + 3)][(x + 1)(x + 2)] + 1$$

$$= \underset{A}{(x^2 + 3x)}\underset{A}{(x^2 + 3x} + 2) + 1$$

$$= A(A + 2) + 1 = A^2 + 2A + 1$$

$$= (A + 1)^2 = (x^2 + 3x + 1)^2$$

(4) $x^2y - y - 2 + 2x^2 = x^2y + 2x^2 - y - 2$

$$= x^2(y + 2) - (y + 2)$$

$$= (y + 2)(x^2 - 1)$$

$$= (y + 2)(x + 1)(x - 1)$$

(5) $x^2 - 2xy + y^2 - 4 = (x - y)^2 - 2^2$

$$= (x - y + 2)(x - y - 2)$$

(6) $x^2 - y^2 - x + 9y - 20 = x^2 - x - y^2 + 9y - 20$

$$= x^2 - x - (y - 5)(y - 4)$$

$$= [x + (y - 5)][x - (y - 4)]$$

$$= (x + y - 5)(x - y + 4)$$

實戰演練 7-6

(1) $7.5^2 \times 11.5 - 2.5^2 \times 11.5$

$= 11.5 \times (7.5^2 - 2.5^2)$

$= 11.5 \times (7.5 + 2.5) \times (7.5 - 2.5)$

$= 11.5 \times 10 \times 5 = 575$

(2) $1^2 - 3^2 + 5^2 - 7^2 + 9^2 - 11^2 + 13^2 - 15^2 + 17^2 - 19^2$

$= (1-3)(1+3) + (5-7)(5+7) + \cdots + (17-19)(17+19)$

$= (-2) \times (4 + 12 + 20 + 28 + 36)$

$= (-2) \times 100 = -200$

實戰演練 7-7

$a(a-2) - b(b-2) = a^2 - 2a - b^2 + 2b$

$= a^2 - b^2 - 2a + 2b$

$= (a+b)(a-b) - 2(a-b)$

$= (a-b)(a+b-2)$

因此 $(a-b)(a+b-2) = 12$

這時 $a - b = -3$，所以 $-3(a+b-2) = 12$

$a + b - 2 = -4$，$a + b = -2$

第 5 ～ 7 天單元總整理題型（p.59 ～ 63）

1. 14 ／ 2. 15 ／ 3. 4 ／ 4. $-6x^3y^3$ ／ 5. $16x - 5y + 6$ ／ 6. 3b ／ 7. -2 ／ 8. 8 ／ 9. -18 ／ 10. (1)$-2a^2 - 2b^2$　(2)$2x^2 + 20x - 19$ ／ 11. -10 ／ 12. 8 ／ 13. 16 ／ 14. 10 ／ 15. 33 ／ 16. $h = \dfrac{S}{2\pi r} - r$ ／ 17. (1)7　(2)1　(3)1 ／ 18. $x = \dfrac{25}{27}y$ ／ 19. 2x ／ 20. 4x ／ 21. 16 ／ 22. $(x - y + 2)(x - 3y - 8)$ ／ 23. -60000 ／ 24. 1 ／ 25. 26 ／ 26. (1)$12\sqrt{2} - 6\sqrt{3}$　(2)6 ／ 27. $-\dfrac{5}{4}$ ／ 28. -1

---

1. 因 $a^{4x}b^{12} = a^8 b^y$，$x = 2$、$y = 12$，所以 $x + y = 2 + 12 = 14$

2. $2 \times 3 \times 4 \times 5 \times 6 \times 7 \times 8 \times 9 \times 10 = 2 \times 3 \times 2^2 \times 5 \times (2 \times 3) \times 7 \times 2^3 \times 3^2 \times (2 \times 5)$

$= 2^8 \times 3^4 \times 5^2 \times 7$

因此 $x = 8$、$y = 4$、$z = 2$、$u = 1$，

所以 $x + y + z + u = 8 + 4 + 2 + 1 = 15$

3. $(\dfrac{3^4 + 3^4 + 3^4}{4^4 + 4^4 + 4^4 + 4^4} \times \dfrac{2^{10} + 2^{10} + 2^{10} + 2^{10}}{9^2 + 9^2 + 9^2}) = \dfrac{3 \times 3^4}{4 \times 4^4} \times \dfrac{4 \times 2^{10}}{3 \times 9^2} = \dfrac{3 \times 3^4}{4 \times (2^2)^4} \times \dfrac{2^2 \times 2^{10}}{3 \times (3^2)^2}$

$= \dfrac{3 \times 3^4}{2^2 \times 2^8} \times \dfrac{2^2 \times 2^{10}}{3 \times 3^4} = \dfrac{3^5}{2^{10}} \times \dfrac{2^{12}}{3^5} = 2^2 = 4$

4. $\square = 9x^3y^5 \times 2x^2y \times (-\dfrac{1}{3x^2y^3}) = -6x^3y^3$

5. 因 $2x + y - 3 - A = -4x - 2y + 1$

$A = (2x + y - 3) - (-4x - 2y + 1)$

$\quad = 2x + y - 3 + 4x + 2y - 1$

$\quad = 6x + 3y - 4$

又因 $7x - 10y + 6 + B = 3x + y - 8$

$B = (3x + y - 8) - (7x - 10y + 6)$

$\quad = 3x + y - 8 - 7x + 10y - 6$

$\quad = -4x + 11y - 14$

所以 $2A - B$

$= 2(6x + 3y - 4) - (-4x + 11y - 14)$

$= 12x + 6y - 8 + 4x - 11y + 14$

$= 16x - 5y + 6$

6. $5a - [\square - (a - 7b)] = 6a - 10b$

$= 5a - (\square - a + 7b)$

$= 5a - \square + a - 7b$

$= 6a - 7b - \square$

$6a - 7b - \square = 6a - 10b$

$\therefore \square = (6a - 7b) - (6a - 10b)$

$\quad = 6a - 7b - 6a + 10b = 3b$

7. $(\dfrac{9}{4}x^2 + 9x) \div \dfrac{9}{8}x - (3x^2y - x^3y + 2x^3y) \div xy$

$= (\dfrac{9}{4}x^2 + 9x) \times \dfrac{8}{9x} - \dfrac{3x^2y + x^3y}{xy} = 2x + 8 - (3x + x^2)$

$= 2x + 8 - 3x - x^2 = -x^2 - x + 8$

因 $a = -1$、$b = -1$，

得出 $a + b = -1 + (-1) = -2$

8. 展開式中，x^2 項是 $3x \times x = 3x^2$

　　xy 項是 $3x \times (-2y) + y \times x = -5xy$

　　所以 $a = 3$、$b = -5$，

　　得出 $a - b = 3 - (-5) = 8$

9. 展開式中，xy 項是 $3x \times (-y) + Ay \times 2x = (-3 + 2A)xy$，

　　所以 $-3 + 2A = -7$，$2A = -4$，所以 $A = -2$

　　又因 y 項是 $Ay \times B + (-3) \times (-y) = (AB + 3)y$，

　　$AB + 3 = -9$，$-2B + 3 = -9$，$B = 6$

　　因此求出的常數項是：$(-3) \times B = (-3) \times 6 = -18$

10. (1) $(b - a)(-b + a) - (a + b)^2$

　　　$= (b - a)[-(b - a)] - (a + b)^2$

　　　$= -(b - a)^2 - (a^2 + 2ab + b^2)$

　　　$= -(b^2 - 2ab + a^2) - a^2 - 2ab - b^2$

　　　$= -b^2 + 2ab - a^2 - a^2 - 2ab - b^2$

　　　$= -2a^2 - 2b^2$

　　(2) $(2x - 1)(3x + 4) - 3(x - 1)(x - 2) - (x - 3)^2$

　　　$= 6x^2 + 5x - 4 - 3(x^2 - 3x + 2) - (x^2 - 6x + 9)$

　　　$= 6x^2 + 5x - 4 - 3x^2 + 9x - 6 - x^2 + 6x - 9$

　　　$= 2x^2 + 20x - 19$

11. $(5x + 3)(2x + B) = 10x^2 + (6 + 5B)x + 3B$

　　因此 $6 + 5B = A$，$3B = -12$

　　$B = -4$，$A = 6 + 5 \times (-4) = -14$

　　得出 $A - B = -14 - (-4) = -10$

12. $x^2 + 5x + 2 = 0$，$x^2 + 5x = -2$

　　得出 $(x + 1)(x + 2)(x + 3)(x + 4)$

　　$= (x + 1)(x + 4)(x + 2)(x + 3)$

　　$= (x^2 + 5x + 4)(x^2 + 5x + 6)$

　　$= (-2 + 4)(-2 + 6)$

　　$= 8$

13. $(2 + 1)(2^2 + 1)(2^4 + 1)(2^8 + 1)$

$= (2 - 1)(2 + 1)(2^2 + 1)(2^4 + 1)(2^8 + 1)$

$= (2^2 - 1)(2^2 + 1)(2^4 + 1)(2^8 + 1)$

$= (2^4 - 1)(2^4 + 1)(2^8 + 1)$

$= (2^8 - 1)(2^8 + 1)$

$= 2^{16} - 1$

得出 $a = 16$

14. 由於 $a^2 + b^2 = (a + b)^2 - 2ab$，

$30 = 6^2 - 2ab$，$2ab = 6$，得出 $ab = 3$

$\therefore \dfrac{a}{b} + \dfrac{b}{a} = \dfrac{a^2 + b^2}{ab} = \dfrac{30}{3} = 10$

15. $x^2 + 6x - 1 = 0$ 的兩邊同時除以 x 時，$x + 6 - \dfrac{1}{x} = 0$　$\therefore x - \dfrac{1}{x} = -6$

$\therefore x^2 - 5 + \dfrac{1}{x^2} = (x - \dfrac{1}{x})^2 + 2 - 5$

$= (-6)^2 - 3 = 33$

16. 圖形經過旋轉獲得的旋轉體為底邊半徑長 r、高 h 的圓柱，

$S = 2\pi r^2 + 2\pi rh$，$2\pi rh = S - 2\pi r^2$

$\therefore h = \dfrac{S - 2\pi r^2}{2\pi r} = \dfrac{S}{2\pi r} - r$

17. ⑴　$\dfrac{3}{x} + \dfrac{2}{y} = 4$，$\dfrac{2x + 3y}{xy} = 4$，所以 $4xy = 2x + 3y$，

$\therefore \dfrac{9x - 4xy + 10y}{x + y} = \dfrac{9x - (2x + 3y) + 10y}{x + y}$

$= \dfrac{9x - 2x - 3y + 10x}{x + y} = \dfrac{7(x + y)}{x + y} = 7$

⑵　在 $\dfrac{x - 2y}{4} + \dfrac{3}{2}x = x + y$ 中，

$(x - 2y) + 6x = 4(x + y)$，$7x - 2y = 4x + 4y$，$3x = 6y$　$\therefore x = 2y$

$\therefore \dfrac{2x + y}{3x - y} = \dfrac{4y + y}{6y - y} = \dfrac{5y}{5y} = 1$

(3) 在 $abc = 1$ 中，$b = \dfrac{1}{ac}$ ，$c = \dfrac{1}{ab}$ ，

$$\therefore \frac{a}{ab+a+1}+\frac{b}{bc+b+1}+\frac{c}{ca+c+1}$$

$$=\frac{a}{ab+a+1}+\frac{b}{\dfrac{1}{a}+b+1}+\frac{\dfrac{1}{ab}}{\dfrac{1}{b}+\dfrac{1}{ab}+1}$$

$$=\frac{a}{ab+a+1}+\frac{b}{\dfrac{1+ab+a}{a}}+\frac{\dfrac{1}{ab}}{\dfrac{a+1+ab}{ab}}$$

$$=\frac{a}{ab+a+1}+\frac{ab}{ab+a+1}+\frac{1}{ab+a+1}$$

$$=\frac{ab+a+1}{ab+a+1}=1$$

18. 物品的定價是 $x \times (1+\dfrac{20}{100})=\dfrac{6}{5}x$ （元），又定價的 10%也就是折扣價是

$\dfrac{6}{5}x \times (1-\dfrac{10}{100})=\dfrac{6}{5}x \times \dfrac{9}{10}=\dfrac{27}{25}x$ ，因此 $y=\dfrac{27}{25}x$ ，得出 $x=\dfrac{25}{27}y$

19. 在 $0 < 4x < 1$ 中，因 $0 < x < \dfrac{1}{4}$ ，所以 $x-\dfrac{1}{4}<0$ ，$x+\dfrac{1}{4}>0$ ，

得出 $\sqrt{x^2+\dfrac{1}{2}x+\dfrac{1}{16}}-\sqrt{x^2-\dfrac{1}{2}x+\dfrac{1}{16}}$

$$=\sqrt{(x+\dfrac{1}{4})^2}-\sqrt{(x-\dfrac{1}{4})^2}$$

$$=(x+\dfrac{1}{4})(x-\dfrac{1}{4})$$

$$=2x$$

20. 因 $x^4-20x^2+64=(x^2-4)(x^2-16)$

$$=(x+2)(x-2)(x+4)(x-4)$$

所以 $(x+2)+(x-2)+(x+4)+(x-4)=4x$

21. $(x-2)(x-4)(x-6)+a$

$= [x(x-6)][(x-2)(x-4)]+a$

$= \underset{A}{(\underline{x^2-6x})}\underset{A}{(\underline{x^2-6x}+8)}+a$

$= A(A+8)+a = A^2+8A+a$

此算式要成為完全平方式，$a = (\dfrac{8}{2})^2 = 16$

22. $x^2+3y^2-4xy-6x+2y-16 = x^2-2(2y+3)x+3y^2+2y-16$

$= x^2-2(2y+3)x+(3y+8)(y-2)$

$= (x-y+2)(x-3y-8)$

23. 以 $214=a$、$89=b$、$181=c$、$94=d$ 替換，

$214^2-2\times214\div89+89^2-181^2-2\times181\times94-94^2$

$= a^2-2ab+b^2-c^2-2cd-d^2$

$= (a-b)^2-(c+d)^2$

$= (a-b+c+d)(a-b-c-d)$

$= (214-89+181+94)(214-89-181-94)$

$= 400\times(-150) = -60000$

24. $\dfrac{86^2-2\times86\times77+77^2}{15^2}+\dfrac{15^2+2\times15\times13+13^2}{35^2}$

$= \dfrac{(86-77)^2}{15^2}+\dfrac{(15+13)^2}{35^2}$

$= \dfrac{9^2}{15^2}+\dfrac{28^2}{35^2} = (\dfrac{3}{5})^2+(\dfrac{4}{5})^2$

$= \dfrac{9}{25}+\dfrac{16}{25} = \dfrac{25}{25} = 1$

25. $x^2y+xy^2+2x+2y = 42$，$xy(x+y)+2(x+y) = 42$

這時因 $xy=5$，$5(x+y)+2(x+y) = 42$，$7(x+y) = 42$

得出 $x+y = 6$

最後算出 $x^2+y^2 = (x+y)^2-2xy = 6^2-2\times5 = 26$

26. (1) $(2a-b)^2-(a-2b)^2$

$= [(2a-b)+(a-2b)][(2a-b)-(a-2b)]$

$= (3a - 3b)(a + b)$

$= 3(a - b)(a + b)$

$= 3(\sqrt{6} - 2)(2\sqrt{3} + \sqrt{2})$

$= 12\sqrt{2} - 6\sqrt{3}$

⑵　$x^3 - x^2 - 4x + 4$

$= x^2(x - 1) - 4(x - 1)$

$= (x^2 - 4)(x - 1)$

$= (x + 2)(x - 2)(x - 1)$

$= (1 + \sqrt{3} + 2)(1 + \sqrt{3} - 2)(1 + \sqrt{3} - 1)$

$= (\sqrt{3} + 3)(\sqrt{3} - 1) \times \sqrt{3}$

$= 2\sqrt{3} \times \sqrt{3} = 6$

27. $\dfrac{-3x^2y^2 + x^2y - xy^2}{x^2 - 2xy + y^2}$

$= \dfrac{xy(-3xy + x - y)}{(x - y)^2}$

$= \dfrac{xy(-3xy - 2xy)}{(-2xy)^2}$

$= \dfrac{-5x^2y^2}{4x^2y^2} = -\dfrac{5}{4}$

28. $x - y = \dfrac{\sqrt{3} - 1}{\sqrt{3} + 1} - \dfrac{\sqrt{3} + 1}{\sqrt{3} - 1}$

$= \dfrac{(\sqrt{3} - 1)^2}{(\sqrt{3} + 1)(\sqrt{3} - 1)} - \dfrac{(\sqrt{3} + 1)^2}{(\sqrt{3} - 1)(\sqrt{3} + 1)}$

$= \dfrac{3 - 2\sqrt{3} + 1}{2} - \dfrac{3 + 2\sqrt{3} + 1}{2}$

$= \dfrac{4 - 2\sqrt{3} - (4 + 2\sqrt{3})}{2}$

$= \dfrac{-4\sqrt{3}}{2} = -2\sqrt{3}$

$xy = \dfrac{\sqrt{3} - 1}{\sqrt{3} + 1} \times \dfrac{\sqrt{3} + 1}{\sqrt{3} - 1} = 1$

這時，$\dfrac{x^2 - y^2 + x^2y + xy^2}{x+y}$

$= \dfrac{(x+y)(x-y) + xy(x+y)}{x+y}$

$= \dfrac{(x+y)(x-y+xy)}{x+y}$

$= x - y + xy$

$= -2\sqrt{3} + 1$

所以 $a = 1$、$b = -2$

得出 $a + b = 1 + (-2) = -1$

第 3 章　代數 2

第 8 ～ 12 天（p.66 ～ 88）

第 8 天

實戰演練 8-1 ② ／實戰演練 8-2 ⑤ ／實戰演練 8-3 ④ ／實戰演練 8-4
(1)$4x = 2x + 3$　(2)$2x - x = -3 - 1$／實戰演練 8-5 ② ／實戰演練 8-6　(1)$x = -3$
(2)$x = -4$　(3)$x = 1$／實戰演練 8-7 $x = 2$／實戰演練 8-8　3／實戰演練 8-9　2／
實戰演練 8-10　11

第 9 天

實戰演練 9-1 ⑤ ／實戰演練 9-2　1、2／實戰演練 9-3　(1)$<$　(2)$<$　(3)$>$
(4)$<$／實戰演練 9-4 ③ ／實戰演練 9-5 ③ ／實戰演練 9-6　(1)$x \leq -2$　(2)$x < 3$
／實戰演練 9-7　(1)$x > 6$　(2)$x \leq 5$　(3)$x \geq 1$／實戰演練 9-8　6 本

第 10 天

實戰演練 10-1 (a)／實戰演練 10-2 (1,5)、(2,4)、(3,3)、(4,2)、(5,1)／實戰演練
10-3 (2,1)／實戰演練 10-4　2／實戰演練 10-5　7／實戰演練 10-6　1／實戰演練
10-7 35／實戰演練 10-8 $a = 2$，$b \neq 4$／實戰演練 10-9　111、678／實戰演練 10-
10 8 天

第 **11** 天

實戰演練 11-1 ②／實戰演練 11-2　(1)x = −2 或 x = 4　(2) x = $-\frac{1}{2}$ 或 x = 3 ／實戰演練 11-3 a = −4，x = 3 ／實戰演練 11-4 p = −2 或 p = 3 ／實戰演練 11-5 0 ／實戰演練 11-6 15 ／實戰演練 11-7 9 ／實戰演練 11-8 4

第 **12** 天

實戰演練 12-1　(1) x = $\frac{5 \pm \sqrt{17}}{4}$　(2) x = $\frac{1 \pm \sqrt{6}}{5}$ ／實戰演練 12-2 3 ／實戰演練 12-3 ②／實戰演練 12-4 28 ／實戰演練 12-5 -5 ／實戰演練 12-6 a = −2，b = −1 ／實戰演練 12-7 52 ／實戰演練 12-8 5 公尺／實戰演練 12-9 67

實戰演練 **8-1**

① x = 0 時，$2 \times 0 \neq 2$

② x − −1 時，$3 \times (-1) + 1 = -2$

③ x = −1 時，$-(-1) + 7 \neq 6$

④ x = −2 時，$(-2) \times (-2) + 4 \neq 0$

⑤ x = 1 時，$3 \times (1 + 2) \neq 10$

實戰演練 **8-2**

①、②、③、④ 是方程式

實戰演練 **8-3**

④ 若 c = 0，則 $a \neq c$，ac = bc

實戰演練 **8-4**

(1) $4x = 2x + 3$

(2) $2x - x = -3 - 1$

實戰演練 **8-5**

① 等式不成立。

② $-3x + 8 = 0$ (一次方程式)。

③ 恆等式。

④ $3x^2 + 3x + 3 = 0$（等號左邊不是一次式）。

⑤ 等式不成立。

實戰演練 8-6

(1) 兩邊同時乘以 10 時，$3x - 4(x - 3) = 15$，$-x + 12 = 15$，得出 $x = -3$

(2) 兩邊同時乘以 6 時，$2(2x - 1) = 3(x - 2)$，$4x - 2 = 3x - 6$，得出 $x = -4$

(3) 兩邊同時乘以 4 時，$x - 3 = 2x - 4$，$-x = -1$，得出 $x = 1$

實戰演練 8-7

將 $\dfrac{2x - 4}{3} = \dfrac{5x + 3}{6} - 2$ 的兩邊同時乘以 6 時，$4x - 8 = 5x + 3 - 12$，$x = 1$，得出 $a = 1$

將 $a = 1$ 代入 $0.6x + 0.5 = ax - 0.3$，兩邊同時乘以 10 時，$6x + 5 = 10x - 3$，$-4x = -8$，得出 $x = 2$

實戰演練 8-8

若要 $(a - 3)x = 4$ 無解，$a - 3 = 0$，$a = 3$

實戰演練 8-9

若要 $(a - 2)x = a - 2$ 有無窮多解時，$a - 2 = 0$，得出 $a = 2$

實戰演練 8-10

塗色部分面積是從四邊形中，拿掉未塗色的兩個直角三角形的面積即可。

即 $(8 + 8) \times (8 + x) - (\dfrac{1}{2} \times 8 \times 8) - (\dfrac{1}{2} \times x \times 16)$

$= 16 \times 8 + 16x - 32 - 8x$

$= 8x + 96 = 184$

$8x = 88$，所以 $x = 11(cm)$

實戰演練 9-1

① $3 - 2 = 1 > 1$　∴不成立

② $2 \times 3 + 2 = 8 < 6$　∴不成立

③ $3 + 2 = 5 < 4$　∴不成立

④ $3 \times 3 - 2 = 7 \leq 4$　∴不成立

⑤ $5 - 3 = 2 \geq 1$　∴成立

實戰演練 9-2

若 $x = 1$，$2 \times 1 + 1 < 1 + 4$，$3 < 5$　∴成立

若 $x = 2$，$2 \times 2 + 1 < 2 + 4$，$5 < 6$　∴成立

若 $x = 3$，$2 \times 3 + 1 < 3 + 4$，$7 < 7$　∴不成立

若 $x = 4$，$2 \times 4 + 1 < 4 + 4$，$9 < 8$　∴不成立

所以不等式成立時的 x 值是 1、2，其解是 1、2。

實戰演練 9-3

(1) 因 $a < b$，∴$a + 7 < b + 7$

(2) 因 $a < b$，∴$a - 5 < b - 5$

(3) 因 $a < b$，$-a > -b$，∴$-a + 4 > -b + 4$

(4) 因 $a < b$，∴$\dfrac{a}{3} < \dfrac{b}{3}$

實戰演練 9-4

① $3a \geq 3b$

② $2a + 1 \geq 2b + 1$

④ $\dfrac{a}{2} \geq \dfrac{b}{2}$

⑤ $\dfrac{2}{3}a + 2 \geq \dfrac{2}{3}b + 2$

不等式兩邊乘或除以同一正數，不會改變不等號方向，所以正確的是 ③。

實戰演練 9-5

在 $-x + 4 > x - 2x + 1$ 中，因 $-x + 4 > -x + 1$，所以 $4 > 1$，因此非一次不等式。

實戰演練 9-6

(1) $9x + 6 \leq 4x - 4$，$9x - 4x \leq -4 - 6$，$5x \leq -10$　∴$x \leq -2$

(2) $-3x + 2 > x - 10$，$-3x - x > -10 - 2$，$-4x > -12$　∴$x < 3$

實戰演練 9-7

(1) $2(x + 3) > 3(-x + 12)$，

$2x + 6 > -3x + 36$，

$2x + 3x > 36 - 6$，

$5x > 30$　∴$x > 6$

(2) 若不等式兩邊同時乘以 10，

$8x - 7 \leq 4x + 13$，

$8x - 4x \leq 13 + 7$，

$4x \leq 20$　$\therefore x \leq 5$

(3) 若不等式兩邊同時乘以 6，

$2(x + 2) - 3(3x - 1) \leq 6(1 - x)$，

$2x + 4 - 9x + 3 \leq 6 - 6x$，

$-7x + 7 \leq 6 - 6x$，$-7x + 6x \leq 6 - 7$

$-x \leq -1$　$\therefore x \geq 1$

實戰演練 9-8

若筆記本買 x 本，因 (家裡附近文具店的價格) $= 1000 \times x$(元)；(大型特價超市的價格) $= 750 \times x + 1400$(元)。

$1000x > 750x + 1400$，$250x > 1400$，$5x > 28$

$\therefore x > \dfrac{28}{5} = 5.6$

買 6 本以上時，在大型特價超市買較為有利。

實戰演練 10-1

(b) 一次方程式不會有兩個未知數。

(c) 未知數在分母，所以不是一次方程式。

(d) 左邊是 y 的二次式，所以不是一次方程式。

實戰演練 10-2

x、y 皆為自然數，根據下表，一次方程式 $x + y = 6$ 的解是 (1,5)、(2,4)、(3,3)、(4,2)、(5,1)

x	1	2	3	4	5
y	5	4	3	2	1

實戰演練 **10-3**

x、y 皆為自然數，

$3x - y = 5$ 的解是 $(2,1)$、$(3,4)$、$(4,7)$、……

$5x + 3y = 13$ 的解是 $(2,1)$，所以聯立方程式的解是 $(2,1)$

實戰演練 **10-4**

聯立方程式的解是 2，將 $x = 2$ 代入 (a)

$2 + 2y = 10$、$2y = 8$，得出 $y = 4$

將 $x = 2$、$y = 4$ 代入 (b)，得出 $a = 2$

實戰演練 **10-5**

因 $x : y = 1 : 3$，所以 $y = 3x \cdots$ (c)

將 (c) 代入 (b)，

$4x - 3x = 1$，得出 $x = 1$

將 $x = 1$ 代入 (c)，$y = 3$

$x = 1$、$y = 3$ 代入 (a)

$a - 9 = -2$，得出 $a = 7$

實戰演練 **10-6**

(a) $\times 10$ 為 $3x - 4y = 1 \cdots$ (c)

(b) $\times 6$ 為 $2x + 3y = 12 \cdots$ (b)

若 (c) $\times 2 -$ (d) $\times 3$，$-17y = -34$，得出 $y = 2$

將 $y = 2$ 代入 (c) 時，$x = 3$，得出 $a - b = 3 - 2 = 1$

實戰演練 **10-7**

若 (a) $\times 2 -$ (b) 時，$(4a - 4b - 4)x = 6b - 5a - 12 \cdots$ (c)

若要方程式 (c) 有無窮多解，

$$\begin{cases} 4a - 4b - 4 = 0 \\ 6b - 5a - 12 = 0 \end{cases} \Rightarrow \begin{cases} a - b = 1 & \cdots \text{(d)} \\ -5a + 6b = 12 & \cdots \text{(e)} \end{cases}$$

若 (d) $\times 5 +$ (e)，$a = 18$、$b = 17$

得出 $a + b = 18 + 17 = 35$

實戰演練 10-8

若 (a) − (b) × 4，$(5a + 2 − 12)x = b − 4$，即 $(5a − 10)x = b − 4\cdots(c)$

若要方程式 (c) 無解，$5a − 10 = 0$、$b − 4 \neq 0$

∴ $a = 2$、$b \neq 4$

實戰演練 10-9

若大數是 x、小數是 y，$\begin{cases} x + y = 789 \cdots(a) \\ x = 6y + 12 \cdots(b) \end{cases}$

若將 (b) 代入 (a)，$6y + 12 + y = 789$

$7y + 12 = 789$、$7y = 777$，得出 $y = 111$

將 $y = 111$ 代入 (b)，$x = 678$，求出的兩數為 111 與 678。

實戰演練 10-10

假設全體工作量是 1，且兒子與父親一天可做的工作量分別為 x、y 時，

$\begin{cases} 2x + 4(x + y) = 1 \\ 3y + 3(x + y) = 1 \end{cases} \Rightarrow \begin{cases} 6x + 4y = 1 \cdots(a) \\ 3x + 6y = 1 \cdots(b) \end{cases}$

(a) − (b) × 2 時，$−8y = −1$，得出 $y = \dfrac{1}{8}$

父親一天的工作量是全體工作量的 $\dfrac{1}{8}$，所以父親獨自完成需要 8 天。

實戰演練 11-1

② 因 $x^2 + x = 0$，所以為二次方程式。

實戰演練 11-2

⑴ $x^2 − 2x − 8 = 0$，$(x + 2)(x − 4) = 0$

　　得出 $x = −2$ 或 $x = 4$

⑵ $(2x + 1)(x − 3) = 0$

　　得出 $x = −\dfrac{1}{2}$ 或 $x = 3$

實戰演練 11-3

在 $2x^2 + ax − 6 = 0$ 中，代入 $x = −1$

$2 \times (−1)^2 − a − 6 = 0$，得出 $a = −4$

這時將 $2x^2 - 4x - 6 = 0$ 因式分解，

因 $2(x + 1)(x - 3) = 0$，$x = -1$ 或 $x = 3$

所以另一根是 $x = 3$

實戰演練 **11-4**

二次方程式 $x^2 - 2px + p + 6 = 0$ 有重根，

$p + 6 = (\frac{-2p}{2})^2$，$p^2 - p - 6 = 0$，$(p + 2)(p - 3) = 0$

得出 $p = -2$ 或 $p = 3$

實戰演練 **11-5**

因 $x - p = \pm 4$，$x = p + 4$ 或 $x = p - 4$

這時，因 $q < 6$，$p + 4 = 6$，得出 $p = 2$

因 $p = 2$，$q = p - 4 = 2 - 4 = -2$

得出 $p + q = 2 + (-2) = 0$

實戰演練 **11-6**

$x^2 - 10x = -15$，$x^2 - 10x + 25 = -15 + 25$，$(x - 5)^2 = 10$

因 $a = 5$、$b = 10$，得出 $a + b = 5 + 10 = 15$

實戰演練 **11-7**

在 $x^2 + 4x = -1$ 中，$x^2 + 4x + 4 = -1 + 4$

$(x + 2)^2 = 3$，$\therefore x = -2 \pm \sqrt{3}$

因 $(a) = 4$、$(b) = 2$、$(c) = 3$，得出 $(a) + (b) + (c) = 4 + 2 + 3 = 9$

實戰演練 **11-8**

$x^2 - 6x = -k$，$x^2 - 6x + 9 = -k + 9$

$(x - 3)^2 = -k + 9$、$x = 3 \pm \sqrt{-k + 9}$

因 $x = 3 \pm \sqrt{5}$，$-k + 9 = 5$，得出 $k = 4$

實戰演練 12-1

(1) $2x^2 - 5x + 1 = 0$

$$x = \frac{-(-5) \pm \sqrt{(-5)^2 - 4 \times 2 \times 1}}{2 \times 2}$$

$$= \frac{5 \pm \sqrt{17}}{4}$$

(2) $5x^2 - 2x - 1 = 0$

$$x = \frac{-(-2) \pm \sqrt{(-2)^2 - 4 \times 5 \times (-1)}}{2 \times 5}$$

$$= \frac{2 \pm 2\sqrt{6}}{10}$$

$$= \frac{1 \pm \sqrt{6}}{5}$$

實戰演練 12-2

利用公式解求出 $x^2 - 2x - 1 = 0$ 的解時，因 $x = 1 \pm \sqrt{2}$ ，
所以 $a = 1$、$b = 2$，得出 $a + b = 3$

實戰演練 12-3

利用判別式：

① 因 $0^2 - 4 \times 5 \times (-5) = 100 > 0$，所以有兩個不同的根。

② 在 $3 - x^2 = 6(x + 2)$ 中，$x^2 + 6x + 9 = 0$

　因 $6^2 - 4 \times 1 \times 9 = 0$，所以有重根。

③ 在 $(x + 1)(x - 1) = 2x - 1$ 中，$x^2 - 2x = 0$，

　因 $(-2)^2 - 4 \times 1 \times 0 = 4 > 0$，所以有兩個不同的根。

④ 在 $(x + 8)(x - 2) = 0$，因 $x = -8$、$x = 2$，所以有兩個不同的根。

⑤ 因 $(-10)^2 - 4 \times 1 \times (-100) = 500 > 0$，所以有兩個不同的根。

因此，沒有兩個不同的根是 ②。

實戰演練 12-4

因 $x^2 - 4x + 1 = 0$ 的兩根是 α、β，根據根與係數的關係：

$\alpha + \beta = 4$ ，$\alpha\beta = 1$

$$\therefore (\alpha + \beta)^2 + (\alpha - \beta)^2$$
$$= (\alpha + \beta)^2 + [(\alpha + \beta)^2 - 4\alpha\beta]$$
$$= 4^2 + 4^2 - 4 \times 1$$
$$= 28$$

實戰演練 12-5

(兩根之和) $= -2 + \dfrac{3}{2} = -\dfrac{p}{2}$;

(兩根之積) $= (-2) \times \dfrac{3}{2} = \dfrac{q}{2}$;

所以 $p = 1$、$q = -6$,得出 $p + q = 1 + (-6) = -5$

實戰演練 12-6

二次方程式的兩根是 $\dfrac{1}{2}$,$-\dfrac{1}{4}$,且 x^2 的係數是 8,

$8(x - \dfrac{1}{2})(x + \dfrac{1}{4}) = 0$

$8x^2 - 2x - 1 = 0$

$\therefore a = -2$,$b = -1$

實戰演練 12-7

在二次方程式 $x^2 - 8x + 2 = 0$ 中,(兩根之和) $= 8$、(兩根之積) $= 2$。這時二次方程式 $2x^2 + ax + b = 0$ 的兩根是 8、2,且 x^2 的係數是 2,求出的二次方程式是:

$2(x - 8)(x - 2) = 0$

$2(x^2 - 10x + 16) = 0$

即 $2x^2 - 20x + 32 = 0$

$\therefore a = -20$,$b = 32$,得出 $b - a = 32 - (-20) = 52$

實戰演練 12-8

假設要增加的長度是 xm,新的四邊形長是 $(10 + x)$m、寬是 $(5 + x)$m,

$(10 + x)(5 + x) = (10 \times 5) \times 3$

$x^2 + 15x + 50 = 150$

$$x^2 + 15x - 100 = 0$$
$$(x + 20)(x - 5) = 0$$

這時 $x > 0$，所以 $x = 5(m)$，因此必須增加 5m。

實戰演練 12-9

若十位數字是 x，個位數字是 $13 - x$，

$$x(13 - x) = 10x + (13 - x) - 25$$

$$13x - x^2 = 9x - 12$$
$$x^2 - 4x - 12 = 0$$
$$(x + 2)(x - 6) = 0$$
$$\therefore x = -2 \text{ 或 } x = 6$$

這時 x 是自然數，十位數字是 6、個位數字是 7，因此求的兩位數字是 67。

第 8～12 天單元總整理題型（p.89～94）

1. 4 ／ 2. 2 ／ 3. $a = 3$，$b = -2$／ 4. $-\dfrac{8}{3}$／ 5. 80g ／ 6. 3km ／ 7. 191 ／ 8. (a)(b) ／ 9. 5 ／ 10. 4 ／ 11. $x < -3$ ／ 12. 7 ／ 13. 20cm ／ 14. 2.4km ／ 15. 5 ／ 16. 4 ／ 17. 12 ／ 18. $a = 2$，$b \neq -4$ ／ 19. 21 ／ 20. 1km ／ 21. 200 ／ 22. 4 ／ 23. $x = -\dfrac{9}{5}$ 或 $x = -1$ ／ 24. 3 ／ 25. 2 ／ 26. $k > 5$ ／ 27. 10 ／ 28. （1）$x^2 - 12x + 16 = 0$ （2）$x^2 - 2x - 19 = 0$／ 29. 5m ／ 30. 100cm^2 ／ 31. 6 秒

---

1. 在 $2(2x - 5) = 3(x - 2)$ 中，$4x - 10 = 3x - 6$

   $$4x - 3x = -6 + 10$$

   得出 $x = 4$

2. 將 $\dfrac{x - 1}{2} = \dfrac{x + 1}{3} - 1$ 的兩邊同時乘以 6，

   $$3(x - 1) = 2(x + 1) - 6$$

$3x - 3 = 2x - 4$，得出 $x = -1$

將 $x = -1$ 代入 $5x - 1 = 4x - a$

$-6 = -4 - a$

得出 $a = 2$

3.　當方程式 $(a - 3)x = -2 - b$ 有無窮多解時，

　　$a - 3 = 0$ 且 $-2 - b = 0$

　　所以 $a = 3$、$b = -2$

4.　將 $\dfrac{x+4}{3} - \dfrac{ax-3}{4} = x + \dfrac{7}{6}$ 的兩邊同時乘以 12 時，

　　$4(x + 4) - 3(ax - 3) = 12x + 14$

　　$(8 + 3a)x = 11$

　　因此若要是無解，$8 + 3a = 0$

　　$\therefore a = -\dfrac{8}{3}$

5.　若多加入的水量是 xg，而鹽量是固定的，因此

　　$\dfrac{8}{100} \times 100 + \dfrac{6}{100} \times 100 = \dfrac{5}{100} \times (200 + x)$

　　$800 + 600 = 1000 + 5x$

　　$5x = 400$

　　$\therefore x = 80(g)$

6.　蒼動走路的距離是 xkm 時，騎腳踏車的距離是 $(11 - x)$km，且 2 小時 50 分

　　鐘是 $2\dfrac{5}{6} = \dfrac{17}{6}$（小時），$\dfrac{11-x}{6} + \dfrac{x}{2} = \dfrac{17}{6}$ …(a)

　　將 (a) 的兩邊同時乘以 6 時，$11 - x + 3x = 17$，$2x = 6$

　　得出 $x = 3$(km)

7.　在 x 分鐘內的分針與時針移動的角度分別為 $6x°$、$0.5x°$，且 9 點 x 分時的時
　　針與分針呈相反方向的一直線，所以 $270 + 0.5x - 6x = 180$，$5.5x = 90$

　　$\therefore x = \dfrac{90}{5.5} = \dfrac{180}{11}$

　　即 $a = 11$，$b = 180$

　　$a + b = 11 + 180 = 191$

8. $-2a + 5 < -2b + 5$ ，$-2a < -2b$ ，$\therefore a > b$

(a) $-3a < -3b$

(b) $\dfrac{a}{5} > \dfrac{b}{5}$

(c) $-5a < -5b$ ，$-5a + 3 < -5b + 3$

正確的是 (b)、(c)。

9. 在 $-4 \leq x < 6$ 中，因 $-3 < -\dfrac{1}{2}x \leq 2$ ，$-3 + 3 < -\dfrac{1}{2}x + 3 \leq 2 + 3$ ，$0 < -\dfrac{1}{2}x + 3 \leq 5$

因此 A 值中最大的數是 5。

10. 在一次方程式 $7x - 4 > 3x + 28$ 中，$4x > 32$

$\therefore x > 8 \cdots$(a)

又在一次方程式 $5x - 2 > 2(x + 5) + 3a$ 中，

$5x - 2 > 2x + 10 + 3a$ ，$3x > 12 + 3a$

$\therefore x > 4 + a \cdots$(b)

因 (a) = (b)，$8 = 4 + a$ ，得出 $a = 4$

11. 一次不等式 $(a + b)x + 2a - 3b > 0$ ，$(a + b)x > -2a + 3b$

這時，因不等式的解 $x < -\dfrac{3}{2}$ ，所以 $a + b < 0$ ，$x < \dfrac{-2a + 3b}{a + b}$ ，

即 $\dfrac{-2a + 3b}{a + b} = -\dfrac{3}{2}$

$-4a + 6b = -3a - 3b$ ，得出 $a = 9b$

將 $a = 9b$ 代入不等式 $(a - 4b)x + a + 6b > 0$ 中，

$(9b - 4b)x + 9b + 6b > 0$ ，$5bx > -15b$ ，

這時，因 $a + b = 9b + b = 10b < 0$ ，所以 $b < 0$ ，

因此，$5bx > -15b$ ，$x < -3$

12. 不等式兩邊同時乘以 12 時，

$4(x + 1) - 3(3 - x) < 48$

$4x + 4 - 9 + 3x < 48$

$7x < 53$

$\therefore x < \dfrac{53}{7} = 7.xxx$

自然數 x 的個數是 7 個。

13. 當四邊形的寬是 xcm，長是 (x + 10)cm 時，

$2[x + (x + 10)] \geq 100$，$2(2x + 10) \geq 100$

$4(x + 5) \geq 100$，$x + 5 \geq 25$

$\therefore x \geq 20$

因此寬必須在 20cm 以上。

14. 最遠可到達的支點，其距離是 xkm 時，$\dfrac{x}{2} + \dfrac{x}{3} \leq 2$，$5x \leq 12$，

$\therefore x \leq \dfrac{12}{5} = 2.4$

因此，最遠到 2.4km 支點時可以折返。

15. (a) + (b) × 2 時，$7x = 0$，得出 $x = 0$

將 x = 0 代入 (a) 時，$4y = 20$，得出 $y = 5$

因此將 x = 0、y = 5 代入 $3x + y = a$ 時，$a = 0 + 5 = 5$

16. 在 (a) 中，$3(x - 2y) = 12$，所以 $x - 2y = 4 \cdots$(c)

在 (b) 中，$x + 6 = 2x - 4y$，所以 $x - 4y = 6 \cdots$(d)

(c) − (d) 時 $2y = -2$，得出 $y = -1$

將 y = −1 代入 (c) 時，$x = 2$

所以 $a = 2$、$b = -1$，$a - 2b = 2 - 2 \times (-1) = 4$

17. 將方程式以 x = a、b = y 代入時，

$$\begin{cases} \dfrac{a+b+6}{4} = \dfrac{b-2}{3} \\ \dfrac{b-2}{3} = \dfrac{-a+b+7}{5} \end{cases} \Rightarrow \begin{cases} 3a - b = -26 \cdots(a) \\ 3a + 2b = 31 \cdots(b) \end{cases}$$

若 (a) − (b)，則 $-3b = -57$，得出 $b = 19$

將 b = 19 代入 (a) 中，$a = -\dfrac{7}{3}$

$\therefore 3a + b = 3 \times (-\dfrac{7}{3}) + 19 = 12$

18. 將 (a) 代入 (b) 時，$6x - 3(ax + b) = 12$

$(6 - 3a)x = 3b + 12 \cdots$(c)

這時若要方程式 (c) 無解，$6 - 3a = 0$，$3b + 12 \neq 0$，所以 $a = 2$，$b \neq -4$

19. 當 (b)×(−1) 時，$\begin{cases}(-2a-4)x-5y=a-7\\6x-5y=-12\end{cases}$，這時兩個一次方程式的 y 係數相同，

當 x 的係數與常數項一致時，此聯立方程式有無窮多解。

即 $-2a-4=6$，$a-7=-12$，所以 $a=-5$，

得出 $a^2+a+1=(-5)^2+(-5)+1=21$

20. A 支點與 B 支點之間的距離是 xkm、B 支點與 C 支點的距離是 ykm 時，

$\begin{cases}x+y=17\cdots(a)\\\dfrac{x}{3}+\dfrac{y}{4}=5\cdots(b)\end{cases}$

$(a)\times3-(b)\times12$ 時，$x=9$

將 $x=9$ 代入 (a) 時，$y=8$

所以 A 支點與 B 支點之間的距離，與 B 支點及 C 支點的距離差為 1km。

21. 若要建立符合要求條件的聯立方程式，

$\begin{cases}\dfrac{10}{100}x+\dfrac{5}{100}y=\dfrac{8}{100}\times1000\\x+y=1000\end{cases}\Rightarrow\begin{cases}2x+y=1600\cdots(a)\\x+y=1000\cdots(b)\end{cases}$

若 $(a)-(b)$，$x=600$

將 $x=600$ 代入 (b) 後，$y=400$

得出 $x-y=200$

22. 因二次方程式 $x^2-2x-1=0$ 的一根是 a，$a^2-2a-1=0$，

得出 $a^2-2a=1\cdots(a)$

又二次方程式 $x^2-4x-3=0$ 的一根是 b，$b^2-4b-3=0$，

得出 $b^2-4b=3\cdots(b)$

$(a)+(b)=a^2-2a+b^2-4b=1+3=4$

23. $\dfrac{2x(x+1)}{3}=\dfrac{(x-3)(x+1)}{4}$ 的兩邊同時乘以 12 時，

$8x(x+1)=3(x-3)(x+1)$

$8x^2+8x=3x^2-6x-9$

$5x^2+14x+9=0$，$(5x+9)(x+1)=0$

$\therefore x=-\dfrac{9}{5}$ 或 $x=-1$

24. 在二次方程式 $x^2 - 2x + k^2 = 2x + 3k - 4$ 中，

$x^2 - 4x + k^2 - 3k + 4 = 0 \cdots (a)$

若二次方程式 (a) 有重根，

$k^2 - 3k + 4 = (-2)^2$

$k^2 - 3k + 4 = 4$，$k^2 - 3k = 0$

$k(k - 3) = 0$，得出 $k = 3$（$\because k$ 是自然數）

25. 利用公式解求出二次方程式的解時，

$$x = \frac{8 \pm \sqrt{64 - 4 \times 5 \times a}}{2 \times 5}$$

$$= \frac{8 \pm 2\sqrt{16 - 5a}}{10}$$

$$= \frac{4 \pm \sqrt{16 - 5a}}{5}$$

$16 - 5a = 6$，得出 $a = 2$

26. 二次方程式 $3x^2 - 6x + k - 2 = 0$ 的判別式是 D 時，

$3x^2 - 6x + k - 2 = 0$ 無解，

$D = (-6)^2 - 4 \times 3 \times (k - 2) < 0$

$36 - 12(k - 2) < 0$，$k - 2 > 3$

$\therefore k > 5$

27. 二次方程式 $x^2 - 6x + 3 = 0$ 的兩根為 α，β，所以關於根與次數的關係：

$\alpha + \beta = 6$，$\alpha\beta = 3$。

$$\therefore \frac{\beta}{\alpha} + \frac{\alpha}{\beta} = \frac{\alpha^2 + \beta^2}{\alpha\beta}$$

$$= \frac{(\alpha + \beta)^2 - 2\alpha\beta}{\alpha\beta}$$

$$= \frac{6^2 - 2 \times 3}{3}$$

$$= \frac{30}{3} = 10$$

28. 二次方程式 $x^2 - 2x - 4 = 0$ 的兩根為 α，β，所以根與係數的關係：

$\alpha + \beta = 2$，$\alpha\beta = -4$。

(1) 兩根為 α^2、β^2 且二次項係數為 1 的二次方程式 $x^2 - (\alpha^2 + \beta^2)x + \alpha^2\beta^2 = 0$

這時 $\alpha^2 + \beta^2 = (\alpha + \beta)^2 - 2\alpha\beta$

$\qquad\qquad = 2^2 - 2 \times (-4) = 12$

$\alpha^2\beta^2 = (\alpha\beta)^2 = (-4)^2 = 16$

所求的二次方程式是 $x^2 - 12x + 16 = 0$

(2) 兩根為 $2\alpha - 1$、$2\beta - 1$ 且二次項的係數是 1 的二次方程式是

$x^2 - [(2\alpha - 1) + (2\beta - 1)]x + (2\alpha - 1)(2\beta - 1) = 0$

這時 $(2\alpha - 1) + (2\beta - 1) = 2(\alpha + \beta) - 2 = 4 - 2 = 2$

$(2\alpha - 1) + (2\beta - 1) = 4\alpha\beta - 2(\alpha + \beta) + 1 = 4 \times (-4) - 2 \times 2 + 1 = -19$

所求的二次方程式是 $x^2 - 2x - 19 = 0$

29. 若雞舍的長為 xm，寬為 $(15 - x)$m，

$x(15 - x) = 50$，$x^2 - 15x + 50 = 0$

$(x - 5)(x - 10) = 0$

得出 $x = 5$ 或 $x = 10$

所以雞舍的長寬差為 5m。

30. 最初正方形的邊長為 xcm，$(x - 4)^2 \times 2 = 72$，$(x - 4)^2 = 36$，

$x - 4 = \pm 6$，$\therefore x = -2$ 或 $x = 10$

這時因 $x > 0$，所以 $x = 10$(cm)

因此，最初正方形面積為 $10 \times 10 = 100$(cm^2)

31. 球掉落地面時，$-5t^2 + 25t + 30 = 0$，$t^2 - 5t - 6 = 0$，

$(t + 1)(t - 6) = 0$

得出 $t = 6$ ($\because t > 0$)

所以當球掉落地面時，是在球丟出的 6 秒後。

第 **4** 章　座標幾何及函數

第 13 ～ 16 天（p.96 ～ 116）

第 13 天

實戰演練 13-1 參考詳解／實戰演練 13-2 (b)(d)／實戰演練 13-3 第四象限／實戰演練 13-4 6 分／實戰演練 13-5 (a)(c)／實戰演練 13-6 (b)／實戰演練 13-7 2／實戰演練 13-8 $y = 2x$

第 14 天

實戰演練 14-1 8／實戰演練 14-2 −6／實戰演練 14-3 −12／實戰演練 14-4 $a > 0$，$b < 0$／實戰演練 14-5 1／實戰演練 14-6 6℃／實戰演練 14-7 −4／實戰演練 14-8 $y = -2x + 4$／實戰演練 14-9 −4／實戰演練 14-10 $(\frac{6}{7}, \frac{20}{7})$

第 15 天

實戰演練 15-1 −1／實戰演練 15-2 (b)(c)／實戰演練 15-3 $a < -1$／實戰演練 15-4 15／實戰演練 15-5 4／實戰演練 15-6 　(1)(0,−2)，$x = 0$　(2)$(0, \frac{2}{3})$，$x = 0$／實戰演練 15-7 2／實戰演練 15-8 參考詳解／實戰演練 15-9 ③

第 16 天

實戰演練 16-1 $a = 2$，$p = \frac{3}{2}$，$q = \frac{9}{2}$／實戰演練 16-2 　(1) (2, 1)　(2) $x = 2$　(3) $(0, -3)$／實戰演練 16-3 1／實戰演練 16-4 $a < 0$，$b > 0$，$c > 0$／實戰演練 16-5 第一、二、三、四象限／實戰演練 16-6 5／實戰演練 16-7 −8／實戰演練 16-8 $y = -2x^2 + 4x + 1$／實戰演練 16-9 $(-1, -4)$／實戰演練 16-10 −12

實戰演練 13-1

A(2,3)、B(−2,−4)、C(−3,2)、D(3, − 2)

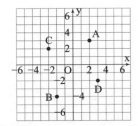

實戰演練 13-2

(a) 不屬於任一象限

(c) 第一象限

正確選項是 (b)(d)

實戰演練 13-3

點 $(ab, a-b)$ 是第三象限上的點，$ab < 0$，$a-b < 0$　∴ $a < 0 < b$

所以點 (a,b) 位於第二象限，且這個點與原點的對稱點在第四象限上。

實戰演練 13-4

水的溫度開始下降的時間是從水加熱 15 分鐘起到 21 分鐘為止，所以加熱的停止時間是 $21 - 15 = 6$(分)。

實戰演練 13-5

(a) x 與 y 是正比關係 (正確)。

(b) 若 $x = 5$，$y = (-3) \times 5 = -15$(錯誤)。

(c) 因 $-3 < 0$，$y = -3x$ 圖形是朝右下角的直線，當 x 值增加時，y 值就會減少 (正確)。

(d) 若 x 變大三倍，y 值也會隨之變化 (錯誤)。

實戰演練 13-6

(b) 在 $xy = 10$ 中，因 $y = \dfrac{10}{x}$，所以 x 與 y 是反比關係。

(c) 因 $y = x \div 3 = \dfrac{x}{3}$，x 與 y 是正比關係。

實戰演練 13-7

因 x 與 y 成反比，若 $y = \dfrac{a}{x}(a \neq 0)$，當 $x = 12$ 時，$y = \dfrac{5}{3}$，$\dfrac{5}{3} = \dfrac{a}{12}$　∴ $a = 20$

將 $y = 10$ 代入 $y = \dfrac{20}{x}$，$10 = \dfrac{20}{x}$，得出 $x = 2$

實戰演練 13-8

因 △ABP 的面積是 $y = \dfrac{1}{2} \times 4 \times x$，所以 $y = 2x$

實戰演練 14-1

$y = 2x - 1$ 圖形朝 y 軸平行移動 p，一次函數式是 $y = 2x - 1 + p$，

將 $x = -2$、$y = 3$ 代入時，$3 = 2 \times (-2) - 1 + p$，得出 $p = 8$

實戰演練 14-2

$y = \dfrac{2}{5}x - b$ 的 x 截距是 15，所以 $x = 15$，

將 $y = 0$ 代入後，$0 = \dfrac{2}{5} \times 15 - b$　$\therefore b = 6$，

所以 $y = \dfrac{2}{5}x - 6$ 的 y 截距是 -6

實戰演練 14-3

因 $\dfrac{b - (-8)}{2} = -2$，所以 $b + 8 = -4$，得出 $b = -12$

實戰演練 14-4

因為 $-a < 0$，$b < 0$，所以 $a > 0$，$b < 0$

實戰演練 14-5

因 $y = mx - 1$ 圖形與經過兩點 $(-4,0)$、$(0,4)$ 的圖形平行，$m = \dfrac{4 - 0}{0 - (-4)} = 1$

實戰演練 14-6

每升高 100m，氣溫就會下降 0.6°C，換言之，每升高 1m，氣溫會下降 0.006°C。這時，當高度為 xm、氣溫為 y°C 時的公式是：$y = 15 - 0.006x$，因此，從地面算起 1500m 高度的氣溫是 $y = 15 - 0.006 \times 1500 = 6(°C)$。

實戰演練 14-7

$y = ax + b$ 圖形的斜率是 a，$a = \dfrac{0 - 2}{1 - 0} = -2$ 且 y 截距 $b = 2$，所以 $ab = -4$。

實戰演練 14-8

要求的一次函數式是 $y = ax + b$ 時，一次方程式 $2x + y + 4 = 0$，即與 $y = -2x - 4$ 圖形平行，所以 $a = -2$。

又直線 $y = 2x - 4$ 的 x 截距是 2，將 $x = 2$、$y = 0$ 代入 $y = -2x + b$，得出 $b = 4$，所求的一次方程式為 $y = -2x + 4$。

實戰演練 14-9

直線經過兩點 $(-2,0)$、$(0,8)$，(斜率) $= \dfrac{8-0}{0-(-2)} = 4$，得出 $y = 4x + 8$

這時直線 $y = 4x + 8$ 經過點 $(a, 2a)$，

所以 $2a = 4a + 8$，$2a = -8$，得出 $a = -4$

實戰演練 14-10

兩個一次方程式 $4x + 3y - 12 = 0$ 與 $x - y + 2 = 0$ 解聯立時，$x = \dfrac{6}{7}$，$y = \dfrac{20}{7}$，

兩圖形交點座標是 $(\dfrac{6}{7}, \dfrac{20}{7})$。

實戰演練 15-1

因 $f(-3) = a \times (-3)^2 - 2 \times (-3) + 6 = 3$

所以 $9a + 12 = 3$，得出 $a = -1$

實戰演練 15-2

(a) 是向上的拋物線。

(d) $y = x^2$ 圖形與 x 軸對稱。

正確的是 (b)(c)

實戰演練 15-3

因為圖形是向下的拋物線，所以 $a < 0$，

若 $y = ax^2$ 圖形要在 $y = -x^2$、y 軸之間，

$|a| > |-1|$，$\therefore a < -1$

實戰演練 15-4

在 $y = 5x^2$ 中代入 $x = 2$、$y = a$ 時，$a = 20$，

且 $y = bx^2$ 圖形與 x 軸對稱，

$b = -5$，得出 $a + b = 15$

實戰演練 15-5

在 P(0,1)、R(1,1) 中，$\overline{PQ} = \overline{QR}$、Q($\frac{1}{2}$，1)，

這時點 Q 是 $y = ax^2$ 圖形上的一點，$1 = a \times (\frac{1}{2})^2$　∴ $a = 4$

實戰演練 15-6

(1) 因 $y = -4x^2$ 圖形往 y 軸平行移動 -2，其公式是 $y = -4x^2 - 2$，$y = -4x^2 - 2$ 圖形的頂點座標是 $(0, -2)$，且軸的方程式是 $x = 0$。

(2) 因 $y = \frac{1}{5}x^2$ 圖形往 y 軸平行移動 $\frac{2}{3}$，其公式是 $y = \frac{1}{5}x^2 + \frac{2}{3}$，該圖形的頂點座標為 $(0, \frac{2}{3})$，且軸的方程式是 $x = 0$。

實戰演練 15-7

$y = ax^2$ 圖形往 y 軸平行移動 -5，其圖形公式是 $y = ax^2 - 5$，
該圖形經過點 $(4, 27)$，$27 = 16a - 5$，$16a = 32$，得出 $a = 2$

實戰演練 15-8

二次函數 $y = \frac{1}{2}(x + 2)^2$ 圖形是二次函數 $y = \frac{1}{2}x^2$ 往 x 軸方向平行移動 -2，所以 $x = -2$ 是 $y = \frac{1}{2}(x + 2)^2$ 圖形的軸的方程式，且為頂點 $(-2,0)$ 的向上拋物線。

所以 $y - \frac{1}{2}(x + 2)^2$ 圖形如下：

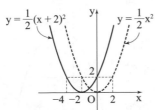

實戰演練 15-9

① 頂點座標是 $(-1,2)$。
② 軸的方程式是 $x = -1$。

④ 若要平行、重合,二次項的係數必須相同。

⑤ 當 $x < -1$ 時,x 值增加、y 值也會增加。

實戰演練 16-1

因 $y = 2x^2 - 6x + 9 = 2(x - \frac{3}{2})^2 + \frac{9}{2}$,所以 $a = 2$,$p = \frac{3}{2}$,$q = \frac{9}{2}$

實戰演練 16-2

(1)、(2) 因 $y = -x^2 + 4x - 3 = -(x - 2)^2 + 1$,頂點座標為 $(2,1)$,且軸的方程式是 $x = 2$

(3) 將 $x = 0$ 代入 $y = -x^2 + 4x - 3$,$y = -3$,所以與 y 軸的交點座標是 $(0,-3)$

實戰演練 16-3

將 $y = 0$ 代入二次函數 $y = x^2 + 7x - 8$,

$x^2 + 7x - 8 = 0$,$(x + 8)(x - 1) = 0$

得出 $x = -8$、$x = 1$

又將 $x = 0$ 代入二次函數 $y = x^2 + 7x - 8$,

得出 $y = -8$

$\therefore p + q - r = -8 + 1 - (-8) = 1$

實戰演練 16-4

因拋物線向下,$a < 0$,

拋物線的軸在 y 軸右方,$ab < 0$,$b > 0$,

又與 y 軸的交點 c 在 x 軸的上方,$c > 0$

實戰演練 16-5

題目中的一次函數圖形 (斜率) < 0,(y 截距) > 0,所以 $a < 0$,$b > 0$

在 $y = ax^2 + bx - a + b$ 圖形中,因 $a < 0$,是向下拋物線,因 $ab < 0$,軸在 y 軸右邊,因 $-a + b > 0$,與 y 軸的交點在 x 軸上方。

所以 $y = ax^2 + bx - a + b$ 圖形與右圖相同,且經過第一、二、三、四象限。

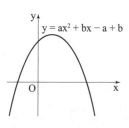

實戰演練 16-6

在二次函數 $y = 2x^2 - 8x + 5$ 中，

$y = 2x^2 - 8x + 5 = 2(x^2 - 4x + 4 - 4) + 5$

$\quad = 2(x - 2)^2 - 3$

又二次函數 $y = 2x^2 + 4x + 1$，

$y = 2x^2 + 4x + 1 = 2(x^2 + 2x + 1 - 1) + 1$

$\quad = 2(x + 1)^2 - 1$

即二次函數 $y = 2x^2 + 4x + 1$ 圖形是二次函數 $y = 2x^2 - 8x + 5$ 往 x 軸平行移動 -3、往 y 軸平行移動 2，

因此 $m = -3$、$n = 2$，得出 $n - m = 2 - (-3) = 5$

實戰演練 16-7

$y = -x^2 + 6x + 3 = -(x^2 - 6x + 9 - 9) + 3 = -(x - 3)^2 + 12$，且此函數圖形往 x 軸方向平行移動 3 的二次函數式是：

$y = -[(x - 3) - 3]^2 + 12 = -(x - 6)^2 + 12$

又二次函數 $y = -(x - 6)^2 + 12$ 圖形與 x 軸對稱的二次函數是：

$y = (x - 6)^2 - 12$，且此函數圖形會經過點 $(4,k)$，所以 $k = -8$

實戰演練 16-8

頂點座標是 $(1,3)$，當要求的二次函數式是 $y = a(x - 1)^2 + 3$ 時，因經過點 $(0,1)$，所以 $1 = a + 3$，$a = -2$，

得出 $y = -2(x - 1)^2 + 3 = -2x^2 + 4x + 1$

實戰演練 16-9

二次函數 $y = ax^2 + 2x + c$ 圖形經過點 $(0, -3)$，所以 $c = -3$

又經過點 $(1,0)$，$0 = a + 2 + c$，所以 $a = 1$

因此二次函數式是 $y = x^2 + 2x - 3 = (x + 1)^2 - 4$，所以頂點座標是 $(-1, -4)$

實戰演練 16-10

二次函數 $y = ax^2 + bx + c$ 圖形經過點 $(-1,8)$，所以 $a - b + c = 8 \cdots$(a)

經過點 $(1,0)$，所以 $a + b + c = 0 \cdots$(b)

經過點 $(0,3)$，所以 $c = 3$

將 $c = 3$ 分別代入 (a)、(b)

$a - b = 5 \cdot a + b = -3$

將上述兩算式解聯立得出 $a = 1 \cdot b = -4$

得出 $abc = -12$

第 13～16 天單元總整理題型（p.117～124）

1. 20 ／ 2. 30 ／ 3. 第三象限 ／ 4. 8 ／ 5. 24 ／ 6. ⑴ 25 秒 ⑵ 66m ／ 7. 10 ／

8. 4 ／ 9. 11 ／ 10. 3 ／ 11. 1 ／ 12. 2 ／ 13. −4 ／ 14. 6 ／ 15. 4 ／ 16. 3 ／ 17. 229

／ 18. −6 ／ 19. 2 ／ 20. 3 ／ 21. $0 < a < \dfrac{3}{8}$ ／ 22. −6 ／ 23. 8 ／ 24. 3 ／ 25. ④ ／

26. −16 ／ 27. 3

---

1. 點 A 是 x 軸上的點，所以 y 座標為 0，即在 $2a - 10 = 0$ 中，$a = 5$

   又點 B 是 y 軸上的點，所以 x 座標為，即在 $-b + 4 = 0$ 中，$b = 4$

   得出 $ab = 20$

2. 如下圖，三點 A、B、C 分別畫出與 x 軸、y 軸平行的直線，其交點為 D、

   E、F 時，△ABC 的面積與從▢DECF 的面積中拿掉△ADB、△BEC、△ACF的

   面積一致，所以

   $$\triangle ABC = 64 - (\frac{1}{2} \times 6 \times 6 + \frac{1}{2} \times 8 \times 2 + \frac{1}{2} \times 2 \times 8)$$

   $$= 64 - (18 + 8 + 8) = 30$$

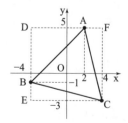

3. 點 A(a,b) 是第二象線上的點，所以 $a < 0$，$b > 0$，這時因 $a - b < 0$，$ab < 0$，所

   以點 P 是第三象限上的點。

4. 兩點 $(-3, a+5)$、$(b-2, 3)$ 與 x 軸對稱,所以兩點的 x 座標相同、y 座標和為 0,即在 $-3 = b-2$,$b = -1$、在 $a+5+3 = 0$,$a = -8$, 得出 $ab = 8$

5. 三點 P、Q、R 在座標平面上的位置如下圖。因此,三角形 PQR 的面積是:

$\dfrac{1}{2} \times 8 \times 6 = 24$

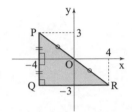

6. ⑴ A、B 兩人相遇時,兩人的距離為 0,所以相遇的時間是出發後 25 秒。
   ⑵ A 到達 B 原先所在支點後,B 獨自走著,A 到達 B 原先所在支點的時間, 是圖形傾斜緩增的始點,即兩人同時出發後的 33 秒之後。因此,在 33 秒 的時間裡,B 走的距離與兩人同時出發後的 33 秒,兩人的距離相同,所 以是 66m。

7. 將 $x = 2$ 代入 $y = 3x$ 後,因 $y = 3 \times 2 = 6$,所以 A(2, 6)
   又將 $x = 2$ 代入 $y = -2x$,$y = (-2) \times 2 = -4$,所以 B(2, -4)

   △AOB 的面積是 $\dfrac{1}{2} \times 10 \times 2 = 10$

8. 點 B 是在第三象限上的點,當點 B 的 x 座標是 $-k(k > 0)$,y 座標是 -2 時, B($-k$, -2),這時點兩 A、B 與原點對稱,因此 A(k, 2)。
   又三角形 ABC 的面積是 12,

   所以 $\dfrac{1}{2} \times \overline{BC} \times \overline{AC} = \dfrac{1}{2} \times 2k \times 4 = 12$,$4k = 12$

   $\therefore k = 3$

   即點 A 座標 (3, 2),所以將 $x = 3$、$y = 2$ 代入 $y = ax$,

   $2 = 3a$　$\therefore a = \dfrac{2}{3}$

   又將 $x = 3$、$y = 2$ 代入 $y = \dfrac{b}{x}$ 時,$b = 6$

$$\therefore ab = \frac{2}{3} \times 6 = 4$$

9. 一次函數 $y = 3x + a$ 圖形經過點 $(-1, 5)$，所以 $5 = -3 + a$，$a = 8$
    又經過點 $(b, -1)$，$-1 = 3b + 8$，$3b = -9$，得出 $b = -3$
    $\therefore a - b = 8 - (-3) = 11$

10. 一次函數 $y = 4ax + 2b - 11$ 的 y 截距是 5，
    $2b - 11 = 5$，$2b = 16$，得出 $b = 8$
    又 x 截距是 -2，將 $x = -2$、$y = 0$ 代入 $y = 4ax + 5$

    $0 = -8a + 5$　$\therefore a = \frac{5}{8}$

    $\therefore b - 8a = 8 - 8 \times \frac{5}{8} = 3$

11. 一次函數 $y = ax + 4$ 圖形往 y 軸平行移動 n 的一次函數式是 $y = ax + 4 + n$，且
    $y = ax + 4 + n$ 圖形的 y 軸是 1，$4 + n = 1$，得出 $n = -3$

    又 $y = ax + 1$ 圖形的 x 截距為 3，$0 = 3a + 1$　$\therefore a = -\frac{1}{3}$

    $\therefore an = (-\frac{1}{3}) \times (-3) = 1$

12. 一次函數 $y = ax - 2$ 圖形與一次函數 $y = 3x + 6$ 圖形平行 $a = 3$，
    又一次函數 $y = 3x - 2$ 圖形經過點 $(1, b)$，所以 $b = 3 - 2 = 1$，
    得出 $a - b = 3 - 1 = 2$

13. 因 $\frac{f(b) - f(a)}{b - a} = \frac{3}{2}$，一次函數 $y = f(x)$ 的斜率是 $\frac{3}{2}$，

    又一次函數 $y = \frac{3}{2}x + n$ 經過點 $(2, -1)$，

    $-1 = 3 + n$，得出 $n = -4$
    所以 y 截距是 -4

14. 直線 $4x - y = a$ 與 $y = 2x$ 解聯立時，$4x - 2x = a$，得出 $x = \frac{a}{2}$

    將 $x = \frac{a}{2}$ 代入 $y = 2x$，$y = a$，所以兩直線的交點座標是 $(\frac{a}{2}, a)$，

將 $x = \dfrac{a}{2}$，$y = a$ 代入 $x + 2y = 21 - a$，$\dfrac{a}{2} + 2a = 21 - a$，$\dfrac{7}{2}a = 21$

$\therefore a = 6$

15. $x = 8$ 與 $y = 2x$、$y = ax$ 的交點分別是 A、B，原點是 O，A(8, 16)、B(8, 8a)

(i) 當 $16 > 8a$，$\overline{AB} = 16 - 8a$，所以 $\triangle AOB$ 的面積為

$\dfrac{1}{2} \times (16 - 8a) \times 8 = 36$，$16 - 8a = 9$

$8a = 7$　$\therefore a = \dfrac{7}{8}$

(ii) 當 $16 < 8a$，$\overline{AB} = 8a - 16$，所以 $\triangle AOB$ 的面積為

$\dfrac{1}{2} \times (8a - 16) \times 8 = 36$，$8a - 16 = 9$

$8a = 25$　$\therefore a = \dfrac{25}{8}$

根據 (i)(ii) $a = \dfrac{7}{8}$ 或 $a = \dfrac{25}{8}$，所以 $\dfrac{7}{8} + \dfrac{25}{8} = \dfrac{32}{8} = 4$

16. 直線 $y = x$ 經過點 B，所以點 B(n, n) 時，$\triangle BOC = 6$，$\dfrac{1}{2} \times 6 \times n = 6$，$n = 2$，

得出 B(2, 2)。

又直線 $y = ax + b$ 經過兩點 (2, 2) 與 (6.0)，

$y = -\dfrac{1}{2}(x - 6) = -\dfrac{1}{2}x + 3$　$\therefore$ A(0, 3)

$\triangle AOB$ 的面積為 $\dfrac{1}{2} \times 3 \times 2 = 3$

17. 當兩圖形有無窮多交點時，斜率與 y 截距相同。

即在 $\dfrac{a}{6} = \dfrac{3}{-9}$ 中，$-9a = 18$，得出 $a = -2$

又在 $\dfrac{3}{-9} = \dfrac{5}{b}$，$3b = -45$，得出 $b = -15$

$a^2 + b^2 = (-2)^2 + (-15)^2 = 229$

18. 拋物線 (a) 向下，幅度寬，所以二次函數 (a) 的算式是 $y = -\dfrac{2}{3}x^2$

這時拋物線 (a) 經過點 $(3, a)$，所以 $a = (-\dfrac{2}{3}) \times 3^2 = -6$

19. 二次函數 $y = -2(x-1)^2$ 圖形與 x 軸對稱的二次函數式是 $y = 2(x-1)^2$ 且函數
圖形經過點 $(a, 32)$

$32 = 2(a-1)^2$，$(a-1)^2 = 16$

$a - 1 = \pm 4$，得出 $a = -3$ 或 $a = 5$

所有 a 值和為 2

20. 二次函數 $y = -2x^2$ 圖形的頂點座標是 $(1, 7)$，

平行移動後的圖形是 $y = -2(x-1)^2 + 7$

這個圖形會經過點 $(k, -1)$

$-1 = -2(k-1)^2 + 7$、$(k-1)^2 = 4$

$k - 1 = \pm 2$，得出 $k = 3$（$\because k > 0$）

21. 二次函數圖形的頂點座標是 $(2, -\dfrac{3}{2})$，所以是在第四象限的點。這時要讓函數
圖形經過四個象限時，必須是向上拋，與 y 軸的交點，必須在 x 軸下方

$a > 0$，$a \times 2^2 - \dfrac{3}{2} < 0$

$\therefore 0 < a < \dfrac{3}{8}$

22. $y = -3x^2 + ax - 7 = -3(x - \dfrac{a}{6})^2 + \dfrac{a^2}{12} - 7$

這時軸的方程式 $x = -1$，

所以 $\dfrac{a}{6} = -1$，得出 $a = -6$

23. $y = -x^2 + 4x = -(x-2)^2 + 4$ 圖形是 $y = -x^2$ 圖形往 x 軸平行移動 2、y 軸平行移動 4，所以塗色部分的面積與經過 $(0, 0)$、$(0, 4)$、$(2, 4)$、$(2, 0)$ 四頂點的四邊形面積相同，因此塗色部分的面積是 $2 \times 4 = 8$。

24. 二次函數圖形與 y 軸的交點是 3，所以 $b = 3$

又與 x 軸的交點是 -3，$0 = -(-3)^2 - 3a + 3$，得出 $a = -2$

所以二次函數式是 $y = -x^2 - 2x + 3 = -(x+1)^2 + 4$，

頂點 A 是 $A(-1, 4)$

當經過點 A 與 x 軸平行的直線，與 y 軸交會的點是 D 時，

△ABC 的面積：

□ABOD − △BOC − △ACD

$$= \frac{1}{2} \times (1+3) \times 4 - \frac{1}{2} \times 3 \times 3 - \frac{1}{2} \times 1 \times 1$$

$$= 3$$

25. ① 向下拋，所以 $a < 0$。

② 與 y 軸的交點在 x 軸上方，所以 $c > 0$。

③ 軸在 y 軸右側，所以 $ab < 0$。

④ 與 x 軸有兩個不同的交點，所以 $b^2 - 4ac > 0$。

⑤ 當 $x = 1$，y 值是正數，所以 $a + b + c > 0$。

錯誤的是 ④

26. $y = -x^2 + ax + b$ 圖形與 x 軸有兩個交點 $(4, 0)$、$(-4, 0)$，

$y = -(x-4)(x+4) = -x^2 + 16$

所以 $a = 0$、$b = 16$

得出 $a - b = -16$

27. 軸的方程式是 $x = 2$ 且二次項的係數是 2，當要求的二次函數式是

$y = 2(x-2)^2 + k$ 時，會經過點 $(4, 11)$，$11 = 2 \times 2^2 + k$，得出 $k = 3$

即 $y = 2(x-2)^2 + 3 = 2x^2 - 8x + 11$

所以 $a = -8$、$b = 11$

得出 $a + b = 3$

第 5 章　空間與形狀 1

（接下頁）

> **第 17 ～ 22 天（p.126 ～ 157）**
>
> **第 22 天**
>
> 實戰演練 22-1 $\dfrac{23}{2}$ ／實戰演練 22-2　(1)3 cm　(2)$\dfrac{21}{4}$ cm ／實戰演練 22-3 5 cm
>
> ／實戰演練 22-4 5 cm ／實戰演練 22-5 4 cm ／實戰演練 22-6 3：1 ／實戰演練 22-7 40cm³ ／實戰演練 22-8 30 km

實戰演練 17-1

$\overline{AC} = 8 + 6 = 14$ (cm) 且點 Q 是 $\overline{AC}$ 的中點，

$\overline{AQ} = \dfrac{1}{2}\overline{AC} = \dfrac{1}{2} \times 14 = 7$(cm)

$\therefore \overline{QB} = 8 - 7 = 1$(cm)

又 $\overline{BC} = 6$cm 且點 R 是 $\overline{BC}$ 的中點，

$\overline{BR} = \dfrac{1}{2}\overline{BC} = \dfrac{1}{2} \times 6 = 3$(cm)

$\therefore \overline{QR} = \overline{QB} + \overline{BR} = 1 + 3 = 4$(cm)

實戰演練 17-2

因 $y + 30 = 50 + 90$，$y + 30 = 140$

得出 $y = 110$

又 $(x - 10) + 50 + 90 = 180$，所以 $x = 50$

得出 $y - x = 110 - 50 = 60$

實戰演練 17-3

$\angle CBA = \angle BAF = 63°$（內錯角）

$\angle BAC = \angle BAF = 63°$（折角）

所以 $\angle x + 63° + 63° = 180°$

得出 $\angle x = 180° - 126° = 54°$

實戰演練 17-4

① 因 $7 + 7 < 15$，所以無法形成三角形。

③ $\angle A$ 不是 $\overline{AB}$、$\overline{BC}$ 的夾角，所以不是三角形。

④ 提供三個角的大小，可以畫出無窮多個三角形。

實戰演練 17-5

△ABC 與△ADE 是全等正三角形，

所以 $\overline{AB} = \boxed{\overline{AE}}$，$\angle B = \boxed{\angle E} = 60°$

$\angle BAP = 60° - \angle DAC = \boxed{\angle EAQ}$

∴△ABP ≅ △AEQ($\boxed{ASA}$ 全等)

實戰演練 17-6

在△ABE 與△BCF，$\overline{BE} = \overline{CF}$，這時因□ABCD 是正方形，

$\overline{AB} = \overline{BC}$，$\angle ABE = \angle BCF = 90°$

∴△ABE ≅ △BCF(SAS 全等)

因此∠AEB = ∠BFC = 70°

所以在△ABE 中，∠BAE = 180° − (90° + 70°) = 20°

實戰演練 17-7

$\angle A + \angle B + \angle C + \angle D + \angle E + \angle F + \angle G$

= (7 個三角形的內角和) – (七角形的外角和)×2

= $180° \times 7 - 360° \times 2 = 540°$

實戰演練 17-8

正多邊形為正 n 角形時，$\dfrac{360°}{n} = 24°$　∴ n = 15

所以正十五角形的對角線個數是 $\dfrac{15 \times (15 - 3)}{2} = 90$

實戰演練 17-9

$l = 2\pi \times 3 \times \dfrac{120}{360} = 6\pi \times \dfrac{1}{3} = 2\pi(\text{cm})$

$S = \pi \times 3^2 \times \dfrac{120}{360} = 9\pi \times \dfrac{1}{3} = 3\pi(\text{cm}^2)$

實戰演練 18-1

③ 稜錐臺的兩個底面是不全等，大小不同且樣子相同的多角形。

實戰演練 18-2

旋轉體是球、圓錐、圓柱，所以是 3 個。

實戰演練 18-3

由各個面形成的頂點個數是 5 的正多面體，是正二十面體。

實戰演練 18-4

用展開圖要做成正八面體時，與 $\overline{\text{BI}}$ 交疊的邊是 $\overline{\text{EF}}$。

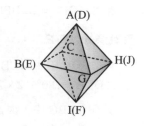

實戰演練 18-5

$$(\text{底面積}) = \pi \times 8^2 \times \frac{90}{360} = 16\pi (\text{cm}^2)$$

$$(\text{側面積}) = (2\pi \times 8 \times \frac{90}{360} + 8 \times 2) \times 10$$

$$= (4\pi + 16) \times 10 = 40\pi + 160 (\text{cm}^2)$$

$$\therefore (\text{表面積}) = 16\pi \times 2 + 40\pi + 160$$

$$= 72\pi + 160 (\text{cm}^2)$$

實戰演練 18-6

在三角錐 C – BGD 中，△BCD 是底面時，高是 $\overline{\text{CG}}$ 的長度，

所求的體積是 $\frac{1}{3} \times (\frac{1}{2} \times 4 \times 6) \times 5 = 20 (\text{cm}^3)$

實戰演練 18-7

$$4\pi \times 4^2 \times \frac{1}{2} + \pi \times 4^2 = 32\pi + 16\pi = 48\pi (\text{cm}^2)$$

實戰演練 18-8

圓錐的體積是 $\frac{1}{3} \times \pi \times 6^2 \times 8 = 96\pi (\text{cm}^3)$

半球的體積是 $\frac{4}{3} \pi \times 6^3 \times \frac{1}{2} = 144\pi (\text{cm}^3)$

所求的立體圖形體積是 $96\pi + 144\pi = 240\pi (\text{cm}^3)$

實戰演練 19-1

從等腰三角形的頂點畫一條等分線到底邊，由於是垂直等分線，

所以在△PBD 與△PCD 中，

$\overline{BD} = \overline{CD}$，$\angle PDB = \angle PDC = 90°$

共有 $\overline{PD}$，所以△PBD ≅ △PCD(SAS 全等)

雖然∠BPC = 2∠BPD，但∠BPC ≠ 2∠BAC

實戰演練 19-2

在△CDB 中，因 $\overline{CB} = \overline{CD}$，

$\angle DCB = 180° - 2 \times 70° = 40°$

又在△ABC 中，因 $\overline{AB} = \overline{AC}$，

$\angle ACB = \angle B = 70°$

$\therefore \angle ACD = \angle ACB - \angle DCB$

$= 70° - 40° = 30°$

實戰演練 19-3

在△ABD 與△CAE 中，

$\angle ADB = \angle CEA = 90°$，$\overline{AB} = \overline{CA}$，

$\angle BAD = 90° - \angle CAE = \angle ACE$

$\therefore \triangle ABD \cong \triangle CAE$(RHA 全等)

且因 $\overline{AD} = \overline{CE} = 6cm$，$\overline{AE} = \overline{BD} = 8cm$，

所以 $\overline{DE} = \overline{DA} + \overline{AE} = 6 + 8 = 14(cm)$

實戰演練 19-4

如圖，從點 D 拉一直線到 $\overline{AC}$ 的垂足為 H 時，

在△ADB 與△ADH 中，∠B = ∠AHD = 90°，共有 $\overline{AD}$，

因∠DAB = ∠DAH 且△ADB ≅ △ADH(RHA 全等)

所以 $\overline{DH} = \overline{DB} = 5$，$\triangle ADC = \dfrac{1}{2} \times 12 \times 5 = 30(cm^2)$

實戰演練 19-5

若要畫 $\overline{OA}$，因 $\overline{OA} = \overline{OB} = \overline{OC}$，∠OAB = 10°

這時∠OAC + 10° + 30° = 90°，∠OAC = 50°

得出∠A = ∠OAB + ∠OAC

   = 10° + 50°

   = 60°

實戰演練 19-6

點 O 是△ABC 的外心，$\overline{OA} = \overline{OB} = \overline{OC}$

又∠B = 90° − 30° = 60° 且在△OBC 中，$\overline{OB} = \overline{OC}$，

∠BOC = ∠BCO = 60°

所以△OBC 是正三角形，因此△OBC 的周長是 $3\overline{OC} = 3 \times 6 = 18\text{(cm)}$

實戰演練 19-7

③ 在△IAD 與△IAF，

∠IDA = ∠IFA = 90°，共有 $\overline{AI}$

∠IAD = ∠IAF

所以△IAD ≅ △IAF(RHA 全等)

∴ $\overline{AD} = \overline{AF}$

④ 內心到三邊的距離相等，所以 $\overline{ID} = \overline{IE} = \overline{IF}$

實戰演練 19-8

當 $\overline{AF} = \overline{AE} = x\text{cm}$ 時，$\overline{BD} = \overline{BF} = 13 − x\text{(cm)}$，$\overline{CD} = \overline{CE} = 8 − x\text{(cm)}$

這時因 $\overline{BD} + \overline{CD} = \overline{BC}$，

$(13 − x) + (8 − x) = 15$

$2x = 6$，得出 $x = 3\text{(cm)}$

實戰演練 20-1

因∠EBC = ∠AEB(內錯角)

∠ABE = ∠AEB

即△ABE 是 $\overline{AB} = \overline{AE}$ 的等腰三角形

$\overline{AB} = \overline{AE} = \overline{CD} = 4\text{cm}$

∴ $\overline{ED} = \overline{AD} − \overline{AE}$

 = 5 − 4 = 1(cm)

實戰演練 20-2

$\square ABCD = 8 \times 5 = 40(cm^2)$，這時因$\triangle PBC + \triangle PDA = \dfrac{1}{2}\square ABCD$，

$8 + \triangle PDA = \dfrac{1}{2} \times 40$

$\therefore \triangle PDA = 12(cm^2)$

實戰演練 20-3

(1) 因$\overline{AC} = \overline{BD} = 18cm$，$\overline{AO} = \dfrac{1}{2}\overline{AC} = \dfrac{1}{2} \times 18 = 9(cm)$

(2) 在$\triangle ABO$中，因$\overline{OA} = \overline{OB}$，$\angle BAO = \angle ABO = 54°$

實戰演練 20-4

⑤ 若$\angle BAC = \angle BCA$，因$\overline{AB} = \overline{BC}$，所以$\square ABCD$是菱形

實戰演練 20-5

$\overline{OA} = \dfrac{1}{2}\overline{AC} = \dfrac{1}{2}\overline{BD} = \dfrac{1}{2} \times 6 = 3(cm)$，且$\angle BAD = 90°$

$\square ABCD = \triangle ABD + \triangle BCD = 2\triangle ABD$

$= 2 \times (\dfrac{1}{2} \times 6 \times 3)$

$= 18(cm^2)$

實戰演練 20-6

從頂點 D 到$\overline{BC}$拉一直線的垂足為 F 時，

因$\overline{AE} /\!/ \overline{DF}$，$\overline{EF} = \overline{AD} = 12cm$，這時$\triangle ABE \cong \triangle DCF(RHA$ 全等)，

所以$\overline{BE} = \overline{CF}$

$\therefore \overline{BE} = \overline{CF} = \dfrac{1}{2}(20 - 12) = 4(cm)$

實戰演練 20-7

因$\overline{AE} /\!/ \overline{DB}$，$\triangle DEB = \triangle DAB$

$\therefore \triangle DEB = \triangle DAB$

$= \square ABCD - \triangle DBC$

$= 18 - 6$

$= 12 (\text{cm}^2)$

實戰演練 20-8

因 $\overline{AP} : \overline{PM} = 2 : 1$，$\triangle ABM = 3 \triangle PBM = 3 \times 4 = 12 (\text{cm}^2)$

又 $\overline{BM} = \overline{CM}$，$\triangle ABC = 2 \triangle ABM = 2 \times 12 = 24 (\text{cm}^2)$

實戰演練 21-2

③ 兩個六面體不是相似圖形。

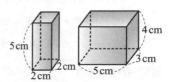

實戰演練 21-3

(1) $16 : 12 = 4 : 3$

(2) 因 $\overline{FG} : \overline{NO} = 4 : 3$，$\overline{FG} : 10 = 4 : 3$

$3\overline{FG} = 40 \quad \therefore \overline{FG} = \dfrac{40}{3} (\text{cm})$

(3) 因 $\overline{GH} : \overline{OP} = 4 : 3$，$8 : \overline{OP} = 4 : 3$

$4\overline{OP} = 24 \quad \therefore \overline{OP} = 6 (\text{cm})$

實戰演練 21-4

$\triangle ABC$ 與 $\triangle DBA$，$\overline{AB} : \overline{DB} = 3 : 2$，$\overline{BC} : \overline{BA} = 3 : 2$，

$\angle B$ 相同，$\triangle ABC \backsim \triangle DBA (\text{SAS 相似})$

即 $\overline{AC} : \overline{DA} = 3 : 2$，

$\overline{AC} : 3 = 3 : 2$，$2\overline{AC} = 9$

$\therefore \overline{AC} = \dfrac{9}{2} (\text{cm})$

實戰演練 21-5

在 $\triangle ABC$ 與 $\triangle EBD$，$\angle C = \angle BDE$、$\angle B$ 相同，

所以 $\triangle ABC \backsim \triangle EBD (\text{AA 相似})$

即 $\overline{AB} : \overline{EB} = \overline{BC} : \overline{BD}$

$9 : 3 = \overline{BC} : 6$，$3\overline{BC} = 54$

$\therefore \overline{BC} = 18 (\text{cm})$

$\therefore \overline{EC} = \overline{BC} - \overline{BE} = 18 - 3 = 15 (\text{cm})$

實戰演練 21-6

① ∠A 相同、∠ADB = ∠AEC = 90°

　所以△ABD ∽ △ACE(AA 相似)

② ∠EBF 相同、∠ADB = ∠FEB = 90°

　所以△ABD ∽ △FBE(AA 相似)

③ ∠DCF 相同、∠AEC = ∠FDC = 90°

　所以△ACE ∽ △FCD(AA 相似)

④ 因∠BEF = ∠CDF = 90°、∠BFE = ∠CFD(對頂角)，

　△FBE ∽ △FCD(AA 相似)

實戰演練 21-7

因 $\overline{BC}^2 = \overline{BH} \times \overline{BA}$，$3^2 = \overline{BH} \times 5$，$\therefore \overline{BH} = \dfrac{9}{5}$(cm)

這時 $\overline{AH} = 5 - \overline{BH} = 5 - \dfrac{9}{5} = \dfrac{16}{5}$(cm) 且 $\overline{CH}^2 = \overline{AH} \times \overline{BH}$

所以 $\overline{CH}^2 = \dfrac{16}{5} \times \dfrac{9}{5} = \dfrac{144}{25}$

$\therefore \overline{CH} = \dfrac{12}{5}(cm)(\because \overline{CH} > 0)$

實戰演練 22-1

因 8 : (8 + x) = 4 : 6，4(8 + x) = 48

8 + x = 12，得出 x = 4

5 : y = 4 : 6，4y = 30

$\therefore y = \dfrac{15}{2}$

$\therefore x + y = 4 + \dfrac{15}{2} = \dfrac{23}{2}$

實戰演練 22-2

(1) 在△ABE，因 $\overline{BE} /\!/ \overline{DF}$

　$\overline{AD} : \overline{DB} = \overline{AF} : \overline{FE}$

　即 8 : 6 = 4 : $\overline{FE}$，所以 8$\overline{FE}$ = 24

$\therefore \overline{FE} = 3 \text{(cm)}$

(2) $\overline{AE} = 4 + 3 = 7 \text{(cm)}$ 且因 $\overline{BC} // \overline{DE}$

$\overline{AD} : \overline{DB} = \overline{AE} : \overline{EC}$

即 $8 : 6 = 7 : \overline{CE}$，所以 $8\overline{CE} = 42$

$\therefore \overline{CE} = \dfrac{21}{4} \text{(cm)}$

實戰演練 22-3

$\overline{AD}$ 是 ∠A 的外角等分線，所以 $\overline{AB} : \overline{AC} = \overline{BD} : \overline{CD}$，

$8 : \overline{AC} = (6 + 10) : 10$

$16\overline{AC} = 80$

$\therefore \overline{AC} = 5 \text{(cm)}$

實戰演練 22-4

若要讓 $\overline{DG} // \overline{BF}$，在 △ABC 抓出 $\overline{AC}$ 上的點 G，

因 $\overline{AD} = \overline{DB}$、$\overline{DG} // \overline{BC}$，

所以 $\overline{DG} = \dfrac{1}{2}\overline{BC} = \dfrac{1}{2} \times 10 = 5 \text{(cm)}$

又在 △DFG 與 △EFC，

因 ∠GDF = ∠E(內錯角)、$\overline{DF} = \overline{EF}$、∠DFG = ∠EFC(對頂角)

所以 △DFG ≅ △EFC(ASA 全等)

$\therefore \overline{CE} = \overline{DG} = 5 \text{(cm)}$

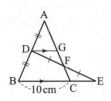

實戰演練 22-5

點 G 是 △ABC 的重心，$\overline{GD} = \dfrac{1}{3}\overline{AD} = \dfrac{1}{3} \times 18 = 6 \text{(cm)}$

又點 G' 是 △GBC 的重心，$\overline{GG}' = \dfrac{2}{3}\overline{GD} = \dfrac{2}{3} \times 6 = 4 \text{(cm)}$

實戰演練 22-6

點 G 是 △ABC 的重心，$\overline{BE} : \overline{GE} = 3 : 1$

這時 $\overline{AD} // \overline{EF}$，所以在 △EBF，

$\overline{BE} : \overline{GE} = \overline{BF} : \overline{DF} = 3 : 1$

又在△ADC，$\overline{AE} = \overline{EC}$，$\overline{AD} // \overline{EF}$，

所以$\overline{DF} = \overline{FC}$

∴ $\overline{BF} : \overline{FC} = \overline{BF} : \overline{DF} = 3 : 1$

實戰演練 22-7

碗的高度與水面高度比是 2：1，所以碗的體積與水的體積比是 $2^3 : 1^3 = 8 : 1$

即碗的體積是 xcm³ 時，x：5 = 8：1，得出 x = 40，所以碗的體積是 40cm³。

實戰演練 22-8

$60 \times 50000 = 3000000(cm) = 30(km)$

第 17 ～ 22 天單元總整理題型（p.158 ～ 170）

1. 36° ／ 2. 45° ／ 3. 120° ／ 4. 25° ／ 5. 165° ／ 6. ② ／ 7. 182 ／ 8. 5 次／ 9. 2：1 ／ 10. 20° ／ 11. 15° ／ 12. 53° ／ 13. 28cm² ／ 14. $\frac{3}{2}$ ／ 15. 16° ／ 16. ① ／ 17. 18cm² ／ 18. 13 cm ／ 19. 90cm² ／ 20. ② ／ 21. 8 cm ／ 22. 17 cm ／ 23. 2 cm ／ 24. $\frac{35}{4}$ cm ／ 25. ③ ／ 26. $\frac{15}{2}$ cm ／ 27. 10 cm ／ 28. 9 cm ／ 29. 36cm² ／ 30. 12 cm ／ 31. 15cm² ／ 32. 12 cm ／ 33. 8cm² ／ 34. 18cm² ／ 35. 375000m² ／ 36. $\frac{40}{19}$ 分

---

1. 因 $\angle COD = \frac{1}{5} \angle AOC = \frac{1}{5} \times 90° = 18°$

   $\angle DOB = 90° - 18° = 72°$

   又 $\angle DOE = \frac{1}{4} \angle DOB = \frac{1}{4} \times 72° = 18°$

   所以 $\angle COE = \angle COD + \angle DOE = 18° + 18° = 36°$

2. 如右頁圖，畫出分別經過點 E、F 的平行直線 l、m 時，正六角形與正方形的一內角分別為 120°、90°，所以 $\angle EFG = 180° - (100° + 35°) = 45°$

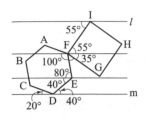

3. 在△ACD 與△BCE，$\overline{AC} = \overline{BC}$，$\overline{CD} = \overline{CE}$，

   $\angle ACD = \angle BCE = 180° - 60° = 120°$

   所以△ACD ≅ △BCE(SAS 全等)

   這時∠CAD = ∠CBE = ∠x

   若∠CDA = ∠CEB = ∠y

   在△ACD 的∠x + 120° + ∠y = 180°

   ∴∠x + ∠y = 60°

   在△PBD，∠BPD = 180° − (∠x + ∠y)

   　　　　　　 = 180° − 60° = 120°

4. 在△GBC 與△EDC，$\overline{BC} = \overline{DC}$，$\overline{CG} = \overline{CE}$，

   $\angle BCG = 90° - \angle GCD = \angle DCE = 35°$

   所以△GBC ≅ △EDC(SAS 全等)

   這時∠GBC = 90° − 60° = 30°

   所以∠BGC = 180° − (30° + 35°) = 115°

   又因∠DEC = ∠BGC = 115°

   ∠DEF = ∠DEC − ∠FEC

   　　　　 = 115° − 90° = 25°

5. 當∠BAE = ∠CAE = ∠a、∠ABD = ∠CBD = ∠b，

   在△ABC 中，

   $2\angle a + 2\angle b + 70° = 180°$

   $2(\angle a + \angle b) = 110°$

   ∴∠a + ∠b = 55°

   在△ABE，∠AEC = ∠a + 2∠b

   在△ABD，∠BDC = 2∠a + ∠b

   ∴∠AEC + ∠BDC = ∠a + 2∠b + 2∠a + ∠b

$= 3(\angle a + \angle b)$

$= 3 \times 55° = 165°$

6. ② 展開圖組成的正六面體是正二十面體,所以頂點個數是 12。

7. 正二十面體的頂點個數是 12,且面的個數是 20。

這一足球有一如同正二十面體的頂點個數的正五角形,以及與面的個數相同的正六角形,所以足球面的個數是 f = 12 + 20 = 32。

又足球的各頂點是由 3 個面組成,足球的頂點為 v,

$$v = \frac{5 \times 12 + 6 \times 20}{3} = 60$$

兩面交會有一邊,足球的邊個數為 e,

$$e = \frac{5 \times 12 + 6 \times 20}{2} = 90$$

得出 v + e + f = 60 + 90 + 32 = 182

8. 圓 O 是圓錐旋轉形成,(旋轉圓錐的側面積和) = (圓 O 的面積)

若旋轉的次數是 x,

$$(\frac{1}{2} \times 20 \times 8\pi) \times x = \pi \times 20^2$$

$80\pi x = 400\pi$ $\therefore x = 5$

所以旋轉五次後會回到原位。

9. 當圓柱底面的半徑長是 r,球的體積是 $P = 2 \times (\frac{4}{3} \pi \times r^3) = \frac{8}{3} \pi r^3$

這時圓柱的高為 4r,所以圓柱體積 $\pi r^2 \times 4r = 4\pi r^3$

體積比是 $Q = 4\pi r^3 - \frac{8}{3} \pi r^3 = \frac{4}{3} \pi r^3$

$\therefore P : Q = \frac{8}{3} \pi r^3 : \frac{4}{3} \pi r^3 = 2 : 1$

10. 在 △ABC 中,因 $\overline{AB} = \overline{AC}$,

$\angle ACB = \angle ABC = \frac{1}{2} \times (180° - 40°) = 70°$

這時 $\angle ACE = 180° - 70° = 110°$,

$$\angle \text{DCA} = \angle \text{DCE} = \frac{1}{2} \times 110° = 55°$$

又 $\angle \text{DBC} = \frac{1}{2}\angle \text{ABC} = \frac{1}{2} \times 70° = 35°$

在△DBC 中，∠DCE 是∠BCD 的外角，

所以∠DCE = ∠DBC + ∠BDC

$55° = 35° + \angle \text{BDC}$　∴∠BDC = 20°

11. 在△ADE 與△CDF 中，

∠A = ∠DCF = 90°，$\overline{\text{DE}} = \overline{\text{DF}}$，$\overline{\text{AD}} = \overline{\text{CD}}$

所以△ADE ≅ △CDF(RHS 全等)

即∠CDF = ∠ADE = 30°，且∠EDC = 90° − 30° = 60°，

所以∠EDF = 60° + 30° = 90°。

又△CDF 的∠DFC = 90° − 30° = 60°

且△DEF 是 $\overline{\text{DE}} = \overline{\text{DF}}$ 的等腰三角形，

所以 $\angle \text{DFE} = \angle \text{DEF} = \frac{1}{2} \times 90° = 45°$

∴∠BFE = ∠DFC − ∠DFE

$\qquad = 60° − 45° = 15°$

12. 點 O 是△ABC 的外心，畫出 $\overline{\text{OA}}$、$\overline{\text{OB}}$、$\overline{\text{OC}}$，三者等長

這時△OAD 與△OAE，共有 $\overline{\text{OA}}$、∠ODA = ∠OEA = 90°、$\overline{\text{OD}} = \overline{\text{OE}}$

所以△OAD ≅ △OAE(RHS 全等)

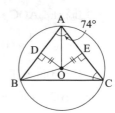

∴∠OAD = ∠OAE = $\frac{1}{2} \times 74° = 37°$

另一方面，因∠OCE = ∠OAE = 37°，∠OCB = ∠C − 37°

這時∠OAE + ∠OCB + ∠OBA = 90°

$37° + (\angle \text{C} − 37°) + 37° = 90°$

∠C + 37° = 90°

∴∠C = 53°

13. 若 $\overline{AF} = x\text{cm}$，$\overline{BF} = y\text{cm}$

$x + y = 12 \cdots \text{(a)}$

又因 $\overline{AE} = x\text{cm}$，$\overline{BD} = y\text{cm}$

$\overline{AC} = (x+2)\text{cm}$、$\overline{BC} = (y+2)\text{cm}$

$\begin{aligned} \therefore \triangle ABC &= \frac{1}{2} \times 2 \times [(x+2)+(y+2)+12] \\ &= x + y + 16 \\ &= 12 + 16 \ (\because \text{(a)}) \\ &= 28(\text{cm}^2) \end{aligned}$

14. 直角三角形的外心是斜邊的重心，$R = \frac{1}{2}\overline{AB} = \frac{1}{2} \times 5 = \frac{5}{2}(\text{cm})$

又內接圓的半徑長為 r，$\triangle ABC = \frac{1}{2} \times r \times (3+4+5) = 6r(\text{cm}^2)$

這時，$\triangle ABC = \frac{1}{2} \times 4 \times 3 = 6(\text{cm}^2)$

$6r = 6$，得出 $r = 1$

$\therefore R - r = \frac{5}{2} - 1 = \frac{3}{2}$

15. 當畫出 $\overline{OC}$，點 O 是 $\triangle ABC$ 的外心，

$\angle AOC = 2\angle B = 2 \times 34° = 68°$

這時在 $\triangle AOC$，因 $\overline{OA} = \overline{OC}$，

$\angle OAC = \frac{1}{2} \times (180° - 68°) = 56°$

另一方面，在 $\triangle ABC$，

$\angle BAC = 180° - (34° + 66°) = 80°$ 且點 I 是 $\triangle ABC$ 的內心，

$\angle IAC = \frac{1}{2}\angle BAC = \frac{1}{2} \times 80° = 40°$

$\begin{aligned} \therefore \angle OAI &= \angle OAC - \angle IAC \\ &= 56° - 40° \\ &= 16° \end{aligned}$

16. □MBND 因 $\overline{MD}\,/\!/\,\overline{BN}$ 、$\overline{MD}=\overline{BN}$ ，所以是平行四邊形，

　　即 $\overline{MP}\,/\!/\,\overline{QN}$

　　又 □ANCM，因 $\overline{AM}\,/\!/\,\overline{NC}$ 、$\overline{AM}=\overline{NC}$ ，所以是平行四邊形，

　　即 $\overline{PN}\,/\!/\,\overline{MQ}$

　　所以 □MPNQ 是兩對對邊分別平行的平行四邊形。

17. 畫出 $\overline{BG}$ ，在 △BCG 與 △DCE 中，

　　$\overline{BC}=\overline{DC}$ 、$\overline{GC}=\overline{EC}$ ，$\angle BCG=90°-\angle GCD=\angle DCE$

　　所以 △BCG ≅ △DCE(SAS 全等)

　　∴ △DCE = △BCG

　　$=\dfrac{1}{2}\times 6\times 6$

　　$=18(cm^2)$

18. 畫出一個經過點 D 的平行直線 $\overline{AB}$ ，與 $\overline{BC}$ 的交點是 F

　　時，□ABFD 是平行四邊形。

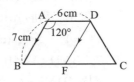

　　這時，$\overline{BF}=\overline{AD}=6cm$ 、$\overline{DF}=\overline{AB}=7cm$ ，

　　且 $\angle BFD=\angle A=120°$

　　所以 $\angle DFC=180°-120°=60°$

　　即 △DFC 是邊長為 7cm 的正三角形，$\overline{FC}=7cm$

　　∴ $\overline{BC}=\overline{BF}+\overline{FC}=6+7=13(cm)$

19. 若 △PBD = 3a(a > 0)，△PBA = 4a，

　　△ABD = 4a + 3a = 7a，且 △BCD = △ABD = 7a，

　　所以 △BQD $=\dfrac{2}{3}\times 7a=\dfrac{14}{3}a$

　　另一方面，□PBQD = △PBD + △BQD

　　$=3a+\dfrac{14}{3}a=\dfrac{23}{3}a=230$

　　a = 30　∴ △PBD = 3 × 30 = 90(cm^2)

20. ② $\overline{AB}:\overline{EF}=4:3$ ，即 $\overline{AB}:4=4:3$ ，

　　$3\overline{AB}=16$　∴ $\overline{AB}=\dfrac{16}{3}(cm)$

21. 最初的圓錐與小圓錐的相似比 $16：10 = 8：5$
   這時最初圓錐的半徑長為 rcm，
   $r：5 = 8：5$，得出 $r = 8(cm)$

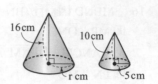

22. 因 $\overline{CD}：\overline{FB} = \overline{BC}：\overline{EF}$，$12：8 = \overline{BC}：6$，$8\overline{BC} = 72$，
   $\overline{BC} = 9(cm)$
   $\therefore \overline{FC} = \overline{FB} + \overline{BC} = 8 + 9 = 17(cm)$

23. 在△ABC 與△AED，共有∠A，$∠B = ∠AED$，
   所以△ABC $\backsim$ △AED(AA 相似)
   因此 $\overline{AB}：\overline{AE} = \overline{AC}：\overline{AD}$，即 $12：6 = \overline{AC}：4$
   $6\overline{AC} = 48$　$\therefore \overline{AC} = 8(cm)$
   $\therefore \overline{CE} = \overline{AC} - \overline{AE} = 8 - 6 = 2(cm)$

24. 因 $\overline{AD} = \overline{A'D} = 7cm$，$\overline{AB} = 7 + 8 = 15(cm)$，
   所以正三角形 ABC 的邊長為 15cm，
   $\overline{A'C} = 15 - 5 = 10(cm)$。
   在△BA'D，因∠B = 60°，$∠BA'D + ∠BDA' = 120°\cdots(a)$
   又因∠DA'E = 60°，$∠BA'D + ∠CA'E = 120°\cdots(b)$
   在 (a)、(b)，$∠BDA' = ∠CA'E$ 且∠B = ∠C = 60°
   所以△BA'D $\backsim$ △CEA'(AA 相似)
   因此 $\overline{BD}：\overline{CA'} = \overline{A'D}：\overline{EA'}$，即 $8：10 = 7：\overline{EA'}$
   $8\overline{EA'} = 70$　$\therefore \overline{EA'} = \dfrac{35}{4}(cm)$

   $\therefore \overline{AE} = \overline{EA'} = \dfrac{35}{4}(cm)$

25. ③ 因△ABC $\backsim$ △DAC，$\overline{AC}：\overline{DC} = \overline{BC}：\overline{AC}$

26. 在△ABD 與△MED 中，$∠A = ∠EMD = 90°$、共有∠EDM，
   所以△ABD $\backsim$ △MED(AA 相似)
   這時 $\overline{AB}：\overline{ME} = \overline{AD}：\overline{MD}$ 且 $\overline{MD} = \dfrac{1}{2} \times 10 = 5(cm)$
   $6：\overline{ME} = 8：5$，$8\overline{ME} = 30$
   $\therefore \overline{ME} = \dfrac{15}{4}(cm)$

又因△MED ≅ △MFB(ASA 全等)，$\overline{MF} = \overline{ME} = \dfrac{15}{4}$ (cm)

$\therefore \overline{EF} = 2 \times \dfrac{15}{4} = \dfrac{15}{2}$ (cm)

27. 因 $\overline{DE} : \overline{BE} = \overline{AD} : \overline{CB}$，$5 : \overline{BE} = 6 : (5 + 12)$

$6\overline{BE} = 85$

$\therefore \overline{BE} = \dfrac{85}{6}$ (cm)

又因 $\overline{CF} : \overline{CB} = \overline{FG} : \overline{BE}$，$12 : (12 + 5) = \overline{FG} : \dfrac{85}{6}$

$17\overline{FG} = 170$

$\therefore \overline{FG} = 10$ (cm)

28. 在△ABF 中，$\overline{AD} = \overline{DB}$、$\overline{AE} = \overline{EF}$，所以 $\overline{DE} /\!/ \overline{BF}$

這時，在△DCE 中，因 $\overline{CF} = \overline{FE}$，$\overline{DE} /\!/ \overline{GF}$，

所以 $\overline{DE} = 2\overline{GF} = 2 \times 3 = 6$ (cm)

又在△ABF 中，因 $\overline{BF} = 2\overline{DE} = 2 \times 6 = 12$ (cm)

$\overline{BG} = \overline{BF} - \overline{GF} = 12 - 3 = 9$ (cm)

29. 畫出等腰梯形 ABCD 的兩對角線 AC、BD 時，

$\overline{EH} = \overline{FG} = \dfrac{1}{2}\overline{BD}$；$\overline{EF} = \overline{GH} = \dfrac{1}{2}\overline{AC}$

$\therefore \overline{EH} = \overline{FG} = \overline{EF} = \overline{GH}$，即，□EFGH 是菱形

這時，因 $\overline{EG} = \dfrac{6+10}{2} = 8$ (cm)，所以□EFGH $= \dfrac{1}{2} \times 8 \times 9 = 36$ (cm^2)

30. 因△ABE ∽ △CDE(AA 相似)，所以 $\overline{BE} : \overline{DE} = \overline{AB} : \overline{CD} = 21 : 28 = 3 : 4$

$\therefore \overline{BE} : \overline{BD} = 3 : 7$

又因 $\overline{EF} /\!/ \overline{CD}$，在△BCD，$\overline{EF} : 28 = 3 : 7$，$7\overline{EF} = 84$

$\therefore \overline{EF} = 12$ (cm)

31. 點 G 是 △ABC 的重心，$\overline{AD} = 3\overline{GD}$

    ∴△ADF = 3△GDF

    $= 3 \times 10 = 30(\text{cm}^2)$

    又因 $\overline{GF} /\!/ \overline{DC}$，$\overline{AF}:\overline{FC} = \overline{AG}:\overline{GD} = 2:1$

    ∴△FDC $= \dfrac{1}{2}$△ADF

    $= \dfrac{1}{2} \times 30 = 15(\text{cm}^2)$

32. $\overline{AC}$ 與 $\overline{BD}$ 的交點是 O，又因 $\overline{OA} = \overline{OC}$、$\overline{BM} = \overline{CM}$、$\overline{CN} = \overline{DN}$，

    兩點 P、Q 分別為△ABC、△ACD 的重心，

    即因 $\overline{BP} = 2\overline{PO}$，$\overline{QD} = 2\overline{OQ}$，

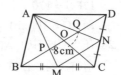

    $\begin{aligned}\overline{BD} &= \overline{BP} + \overline{PQ} + \overline{QD}\\ &= 2\overline{PO} + (\overline{PO} + \overline{OQ}) + 2\overline{OQ}\\ &= 3(\overline{PO} + \overline{OQ})\\ &= 3\overline{PQ}\\ &= 3 \times 8 = 24(\text{cm})\end{aligned}$

    所以在△BCD，因 $\overline{BM} = \overline{MC}$，$\overline{CN} = \overline{ND}$，

    $\overline{MN} = \dfrac{1}{2}\overline{BD} = \dfrac{1}{2} \times 24 = 12(\text{cm})$

33. 點 P 是△ABD 的重心，△PBG$= \dfrac{1}{6}$△ABD

    又點 Q 是△BCD 的重心，△QBG$= \dfrac{1}{6}$△BCD

    得出 (塗色部分面積) = △PBG + △QBG

    $= \dfrac{1}{6}(\triangle ABD + \triangle BCD)$

    $= \dfrac{1}{6}\triangle ABC$

    $= \dfrac{1}{6} \times 48 = 8(\text{cm}^2)$

34. 點 G 是△ABC 的重心，所以△BCE $= 3\triangle GBD = 3 \times 24 = 72(cm^2)$

    這時△BCE 與△DCF 的相似比是 $2 : 1$，面積比 $2^2 : 1^2 = 4 : 1$

    $\therefore \triangle DCF = \dfrac{1}{4}\triangle BCE$

    $= \dfrac{1}{4} \times 72 = 18(cm^2)$

35. 實際距離 0.5km($= 50000cm$) 的兩支點，在地圖上的距離是 2cm，所以這一地

    圖的比例尺是 $\dfrac{2}{50000} = \dfrac{1}{25000}$ 。

    即地圖上實際距離的相似比是 $1 : 25000$，

    面積比是 $1^2 : 25000^2 = 1 : 625000000$

    這時，地圖上的距離面積是 $2 \times 3 = 6(cm^2)$，

    當實際距離為 xcm^2 時，$1 : 625000000 = 6 : x$

    得出 $x = 3750000000(cm^2) = 375000(m^2)$

36. 大圓錐狀的水桶與裝滿水的小圓錐的相似比 $21 : (21 - 7) = 3 : 2$，

    體積比 $3^3 : 2^3 = 27 : 8$

    當流掉剩下的水所需的時間是 x 分時，$(27 - 8) : 5 = 8 : x$

    $\therefore x = \dfrac{40}{19}($ 分 $)$

第 **6** 章　空間與形狀 **2**

第 **23 ～ 26** 天（**p.172 ～ 195**）
第 23 天
實戰演練 23-1 8／實戰演練 23-2 $3\sqrt{6}cm^2$／實戰演練 23-3 $\sqrt{34}$／實戰演練 23-4 $4\sqrt{5}cm$／實戰演練 23-5 $\dfrac{8\sqrt{3}}{3}cm$／實戰演練 23-6 高：$4\sqrt{7}$ cm　體積：$\dfrac{256\sqrt{7}}{3}cm^3$／實戰演練 23-7 $72\sqrt{3}\pi\ cm^3$

（接下頁）

第 23～26 天（p.172～195）

第 24 天

實戰演練 24-1 $4\sqrt{2}$ ／實戰演練 24-2 (1)$\dfrac{\sqrt{3}}{3}$ (2)$\dfrac{5}{4}$ ／實戰演練 24-3 1.2738 ／

實戰演練 24-4 1.3758 ／實戰演練 24-5 ④ ／實戰演練 24-6 $4(3-\sqrt{3})$cm ／實戰

演練 24-7 $10\sqrt{3}$ cm ／實戰演練 24-8 $45\sqrt{3}$ cm^2

第 25 天

實戰演練 25-1 (1)30 (2)7 ／實戰演練 25-2 3 倍／實戰演練 25-3 5 cm ／實

戰演練 25-4 $20\sqrt{3}$ cm ／實戰演練 25-5 (1)10cm (2)2 cm ／實戰演練 25-6 12

cm ／實戰演練 25-7 30° ／實戰演練 25-8 36 cm ／實戰演練 25-9 9 cm ／實戰

演練 25-10 $\dfrac{34}{5}$cm

第 26 天

實戰演練 26-1 $\angle x = 65°$，$\angle y = 115°$／實戰演練 26-2 (1)$\angle x = 58°$，$\angle y = 46°$

(2)32° ／實戰演練 26-3 30° ／實戰演練 26-4 (1)60° (2)70° ／實戰演練

26-5 (1)$\angle x = 110°$，$\angle y = 80°$ (2)$\angle x = 60°$，$\angle y = 120°$ ／實戰演練 26-6

(1)$\angle x = 30°$，$\angle y = 30°$ (2)$\angle x = 65°$，$\angle y = 57°$／實戰演練 26-7 85°

實戰演練 23-1

當畫出 $\overline{BD}$ 時，在△BCD 中，$\overline{BD} = \sqrt{5^2 + (5\sqrt{3})^2} = 10$(cm)，

所以在△ABD 中，$x = \sqrt{10^2 - 6^2} = 8$(cm)

實戰演練 23-2

因$\square$AFGB $= \square$ACDE $+ \square$BHIC，$\square$ACDE $= 30 - 12 = 18$(cm^2)

這時 $\overline{AC}^2 = 18$，所以 $\overline{AC} = 3\sqrt{2}$ (cm)

又 $\overline{BC}^2 = 12$，所以 $\overline{BC} = 2\sqrt{3}$ (cm)

$\therefore$△ABC $= \dfrac{1}{2} \times 3\sqrt{2} \times 2\sqrt{3} = 3\sqrt{6}$(cm^2)

實戰演練 **23-3**

因 $\overline{BC} = \sqrt{5^2 + (2\sqrt{6})^2} = \sqrt{49} = 7$，且 $\overline{AD}^2 + \overline{BC}^2 = \overline{AB}^2 + \overline{CD}^2$，

所以 $7^2 + 7^2 = 8^2 + \overline{CD}^2$，$\overline{CD}^2 = 34$，

$\therefore \overline{CD} = \sqrt{34}$（$\because \overline{CD} > 0$）

實戰演練 **23-4**

因四邊形 ABFE 的長為 8cm、寬為 4cm，

$\overline{AF} = \sqrt{4^2 + 8^2} = \sqrt{80} = 4\sqrt{5}\text{(cm)}$

實戰演練 **23-5**

因 $\overline{AH} = \dfrac{\sqrt{3}}{2} \times 8 = 4\sqrt{3}\text{(cm)}$，且點 G 是 △ABC 的重心，

所以 $\overline{AG} : \overline{GH} = 2 : 1$

$\therefore \overline{AG} = \dfrac{2}{3}\overline{AH} = \dfrac{2}{3} \times 4\sqrt{3} = \dfrac{8\sqrt{3}}{3}\text{(cm)}$

實戰演練 **23-6**

因 $\overline{AC} = 8\sqrt{2}\text{(cm)}$，$\overline{AH} = \dfrac{1}{2}\overline{AC} = 4\sqrt{2}\text{(cm)}$

這時在 △OHC，$\overline{OH} = \sqrt{12^2 - (4\sqrt{2})^2} = \sqrt{112} = 4\sqrt{7}\text{(cm)}$

所以正四角錐的體積是 $\dfrac{1}{3} \times 8^2 \times 4\sqrt{7} = \dfrac{256\sqrt{7}}{3}\text{(cm}^3)$

實戰演練 **23-7**

在 △ABO，因 ∠BAO = 30°，$\overline{AB} : \overline{BO} = 2 : 1 = 12 : \overline{BO}$

$\therefore \overline{BO} = 6\text{(cm)}$

又因 $\overline{AB} : \overline{AO} = 2 : \sqrt{3} = 12 : \overline{AO}$，$\overline{AO} = 6\sqrt{3}\text{(cm)}$，

所以圓錐體積是 $\dfrac{1}{3} \times \pi \times 6^2 \times 6\sqrt{3} = 72\sqrt{3}\pi\text{(cm}^3)$

實戰演練 24-1

因 $\sin A = \dfrac{1}{3} = \dfrac{\overline{BC}}{6}$，$\overline{BC} = 2$，

根據畢氏定理：$\overline{AB} = \sqrt{6^2 - 2^2} = \sqrt{32} = 4\sqrt{2}$

實戰演練 24-2

(1) $\sin 45° - \cos 45° + \tan 30°$

$= \dfrac{\sqrt{2}}{2} - \dfrac{\sqrt{2}}{2} + \dfrac{\sqrt{3}}{3} = \dfrac{\sqrt{3}}{3}$

(2) $\cos^2 30° + \dfrac{\sin 60° \times \tan 30°}{\tan 45°}$

$= (\dfrac{\sqrt{3}}{2})^2 + \dfrac{\sqrt{3}}{2} \times \dfrac{1}{\sqrt{3}} \div 1$

$= \dfrac{3}{4} + \dfrac{1}{2} = \dfrac{5}{4}$

實戰演練 24-3

$\sin 35° + \tan 35° = 0.5736 + 0.7002$
$= 1.2738$

實戰演練 24-4

$\sin 28° + \cos 25° = 0.4695 + 0.9063$
$= 1.3758$

實戰演練 24-5

因 $\sin 47° = \dfrac{3}{\overline{AB}}$，所以 $\overline{AB} = \dfrac{3}{\sin 47°}$

實戰演練 24-6

因 $\overline{BH} = \dfrac{h}{\tan 60°} = \dfrac{\sqrt{3}}{3} h$、$\overline{CH} = \dfrac{h}{\tan 45°} = h$，

所以 $\dfrac{\sqrt{3}}{3} h + h = 8$，$(3 + \sqrt{3})h = 24$

$$\therefore h = \frac{24}{3+\sqrt{3}} = 4(3-\sqrt{3})(cm)$$

實戰演練 24-7

$$\triangle ABC = \frac{1}{2} \times 20 \times x \times \sin 45°$$

$$= 10 \times x \times \frac{\sqrt{2}}{2} = 5\sqrt{2}x$$

$$5\sqrt{2}x = 50\sqrt{6}$$

$$\therefore x = 10\sqrt{3}(cm)$$

實戰演練 24-8

因 $\overline{AD} = \overline{BC} = 15(cm)$，

$$\square ABCD = 15 \times 6 \times \sin 60°$$

$$= 15 \times 6 \times \frac{\sqrt{3}}{2}$$

$$= 45\sqrt{3}(cm^2)$$

實戰演練 25-2

因 $\overline{DO} = \overline{DE}$，$\angle DEO = \angle DOE = 24°$

又因 $\overline{OC} = \overline{OD}$，$\angle ODC = \angle OCD = 24° + 24° = 48°$

$$\therefore \angle AOC = \angle OCE + \angle OEC$$

$$= 48° + 24° = 72°$$

這時，在此圓中，弧長是中心角大小的正比，

所以 $\overset{\frown}{AC} = 3\overset{\frown}{BD}$，即 $\overset{\frown}{AC}$ 是 $\overset{\frown}{BD}$ 的三倍

實戰演練 25-3

在 $\triangle OHB$，若 $\overline{OB} = x cm$ 時，$\overline{BH} = \overline{AH} = 4$、$\overline{OH} = \overline{OC} - 2 = x - 2$

因 $x^2 = (x-2)^2 + 4^2$，所以 $x^2 = x^2 - 4x + 4 + 16$

$4x = 20$，得出 $x = 5(cm)$

實戰演練 25-4

$\overline{OA} = 20\text{cm}$，$\overline{OP} = \overline{PQ} = 10\text{cm}$ 且因 $\overline{AP} = \overline{BP}$，

所以在 $\triangle OAP$，$AP = \sqrt{20^2 - 10^2} = \sqrt{300}$

$= 10\sqrt{3}(\text{cm})(\because \overline{AP} > 0)$

$\therefore \overline{AB} - 2\overline{AP} = 2 \times 10\sqrt{3} = 20\sqrt{3}(\text{cm})$

實戰演練 25-5

(1) 因 $\overline{OM} = \overline{ON}$，$x = \overline{CD} = \overline{AB} = 2\overline{AM} = 10(\text{cm})$

(2) 因 $\overline{AB} = \overline{CD}$，$x = \overline{ON} = \overline{OM} = 2(\text{cm})$

實戰演練 25-6

在 $\triangle POT$，$\angle OTP = 90°$ 且 $\overline{PO} = 13\text{cm}$、$\overline{OT} = 5\text{cm}$，

所以 $PT = \sqrt{13^2 - 5^2} = 12(\text{cm})(\because \overline{PT} > 0)$

實戰演練 25-7

從點 P 到圓 O 畫兩條長度相同的切線，$\overline{PA} = \overline{PB}$，即 $\triangle PAB$ 是等腰三角形，

所以 $\angle PBA = \angle PAB = 75°$，$\angle APB = 180° - 2 \times 75° = 30°$

實戰演練 25-8

$\overline{OE} = \overline{OF} = \overline{FC} = 3(\text{cm})$，

若 $\overline{AD}$ 的長度為 x cm、$\overline{AF} = x\,\text{cm}$，

$\overline{BE} = \overline{BD} = (15 - x)\,\text{cm}$，

所以 $\triangle ABC$ 的周長是 $15 + [(15 - x) + 3] + (x + 3) = 36(\text{cm})$

實戰演練 25-9

$\square ABCD$ 是圓外切四邊形，所以 $\overline{AD} + \overline{BC} = \overline{AB} + \overline{CD}$，

$10 + 14 = 15 + \overline{CD}$

$\therefore \overline{CD} = 9(\text{cm})$

實戰演練 25-10

□ABCD 是圓外切四邊形，所以當 $\overline{DE} = x$(cm)時，

$6 + x = 8 + \overline{BE}$，$\overline{BE} = x - 2$

這時 $\overline{EC} = 8 - \overline{BE} = 8 - (x - 2) = 10 - x$

且在 △DEC 中，依據畢氏定理，

$x^2 = (10 - x)^2 + 6^2$，$x^2 = 100 - 20x + x^2 + 36$

$20x = 136$　∴ $x = \dfrac{34}{5}$(cm)

實戰演練 26-1

$\overset{\frown}{BAD}$ 的圓周角 ∠BCD 是中心角 ∠BOD 的 $\dfrac{1}{2}$，

所以 ∠x = 65°。

又 $\overset{\frown}{BCD}$ 的圓周角 ∠BAD 是中心角 ∠BOD 的 $\dfrac{1}{2}$，

所以 $\angle y = \dfrac{1}{2} \times (360° - 130°) = 115°$

實戰演練 26-2

(1) 因 ∠PAQ = ∠PBQ，∠x = 58°

因 ∠AQB = ∠APB，∠y = 46°

(2) $\overline{CD}$ 是圓 O 的直徑，所以 ∠CBD = 90°

這時，∠OBD = 90° − ∠OBC

= 90° − 58° = 32°

且在 △ODB，因 $\overline{OD} = \overline{OB}$，所以 ∠x = ∠OBD = 32°

實戰演練 26-3

在一圓或全等的兩圓中，弧的長度相同、圓周角的大小相同，

所以 ∠APB = ∠BQC = 30°

∴ ∠x = 30°

實戰演練 26-4

(1) 四點 A、B、C、D 在一圓上，點 C、D 在 $\overline{AB}$ 的同一側，

∠ADB = ∠ACB ∴∠x = ∠ACB = 60°

(2) 在 △ABC 中，∠ACB = 180° − (40° + 70°) = 70°

這時因四點 A、B、C、D 在一圓上，

所以 ∠x = ∠ADB = ∠ACB = 70°

實戰演練 26-5

(1) □ABCD 是圓內接四邊形，

所以 ∠x + 70° = 180°，∠x = 110°

又 100° + ∠y = 180°，∠y = 80°

(2) $\overline{BC}$ 是圓 O 的直徑，∠BAC = 90°

∴∠x = 90° − 30° = 60°

這時，∠x + ∠y = 180°，60° + ∠y = 180°

∴∠y = 120°

實戰演練 26-6

(1) 因 ∠ACB = ∠ADB = ∠BAT，∠x = ∠y = 30°

(2) ∠x = ∠ABC = 65°

$\angle y = \angle ACB = \dfrac{1}{2}\angle AOB = \dfrac{1}{2} \times 114° = 57°$

實戰演練 26-7

∠BTQ = ∠BAT = 35°，且 ∠BTQ 與 ∠PTD 是對頂角，

∠BTQ = ∠PTD = 35°

又因 ∠CTQ = ∠CDT = 60°，

∠PTD + ∠x + ∠CTQ = 180°

35° + ∠x + 60° = 180°

∴∠x = 85°

第 **23 ～ 26** 天單元總整理題型（**p.196 ～ 205**）

1. $3\sqrt{13}$ cm ／ 2. $\sqrt{6}$ cm ／ 3. $\dfrac{17}{5}$ cm ／ 4. 28 cm² ／ 5. 9 ／ 6. $6(2-\sqrt{3})$ cm ／

7. 4 cm ／ 8. $4\sqrt{5}$ cm ／ 9. 24 cm² ／ 10. 20 ／ 11. $\sqrt{13}$ ／ 12. $4\sqrt{2}$ cm ／ 13. 8

cm ／ 14. $2\sqrt{3}$ cm ／ 15. $9\sqrt{15}\pi$cm³ ／ 16. $\dfrac{\sqrt{6}}{3}$ ／ 17. $6(\sqrt{3}-1)$ cm ／ 18. $2+\sqrt{3}$

／ 19.　(1)$\sqrt{6}+\sqrt{3}$　(2)$\dfrac{3}{4}$ ／ 20. $125\sqrt{3}$ cm² ／ 21. 60° ／ 22. $\dfrac{15}{4}$ cm ／ 23.

$12\sqrt{3}$ ／ 24. 8 cm ／ 25. 130 cm² ／ 26. 8° ／ 27. 120° ／ 28. 20°

1. 在 $\triangle$ADC 中，$\overline{CD}=\sqrt{(3\sqrt{5})^2-6^2}=\sqrt{9}=3$，

　　又因 $\overline{BC}=6+3=9$(cm)，

　　所以 $\overline{AB}=\sqrt{9^2+6^2}=\sqrt{117}=3\sqrt{13}$(cm)

2. 在 $\triangle$OAB 中，$\overline{OB}=\sqrt{1^2+1^2}=\sqrt{2}$

　　$\overline{OC}=\sqrt{(\sqrt{2})^2+1^2}=\sqrt{3}$

　　$\overline{OD}=\sqrt{(\sqrt{3})^2+1^2}=\sqrt{4}=2$

　　$\overline{OE}=\sqrt{2^2+1^2}=\sqrt{5}$

　　$\therefore \overline{OF}=\sqrt{(\sqrt{5})^2+1^2}=\sqrt{6}$(cm)

3. 因 $\angle$FBD $=\angle$DBC $=\angle$FDB，所以 $\triangle$FBD 是等腰三角形，即 $\overline{FD}=\overline{FB}$

　　若 $\overline{FD}=x$(cm)時，在 $\triangle$ABF，$\overline{FB}=x$、$\overline{AF}=5-x$、$\overline{AB}=3$

　　這時 $\triangle$ABF 是直角三角形，

　　$x^2=3^2+(5-x)^2$

　　$x^2=9+x^2-10x+25$

　　$10x=34$　$\therefore x=\dfrac{17}{5}$(cm)

4. 從點 A、D 拉一條垂線到 $\overline{BC}$ 分別是點 E、F 時，

　　$\overline{BC}=\overline{CF}=\dfrac{1}{2}(10-4)=3$(cm)

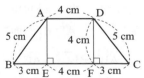

所以在 $\triangle ABE$，$\overline{AE} = \sqrt{5^2 - 3^2} = \sqrt{16} = 4(cm)$

因此等腰梯形 ABCD 的面積是 $\dfrac{1}{2} \times 4 \times (4+10) = 28(cm^2)$

5. 最長的邊是 $n+6$，若要讓該三角形成為直角三角形，

必須要讓 $(n+6)^2 = n^2 + (n+3)^2$ 成立

即，$n^2 - 6n - 27 = 0$

$(n+3)(n-9) = 0$

得出 $n = 9$ ($\because n > 0$)

6. 在 $\triangle ABE$ 與 $\triangle ADF$，$\overline{AB} = \overline{AD}$，$\overline{AE} = \overline{AF}$，

$\angle ABE = \angle ADF = 90°$，

所以 $\triangle ABE \cong \triangle ADF$ (RHS 全等)

若 $\overline{BE} = \overline{DF} = x(cm)$，$\overline{AE} = \overline{EF} = \overline{AF} = \sqrt{6^2 + x^2}$，

$\overline{EC} = \overline{CF} = 6 - x$

因 $\triangle ECF$ 是直角三角形，

$(6-x)^2 + (6-x)^2 = (\sqrt{36+x^2})^2$

$2x^2 - 24x + 72 = 36 + x^2$

$x^2 - 24x + 36 = 0$

$\therefore x = 12 \pm 6\sqrt{3}$

這時因 $0 < x < 6$，$x = 12 - 6\sqrt{3} = 6(2 - \sqrt{3})(cm)$

7. 正六面體的邊長是 a cm，若 $\overline{FH} = \sqrt{2}a$，則 $\overline{MH} = \dfrac{\sqrt{2}}{2}a$，$\overline{DH} = a$

這時因 $\triangle DMH$ 是直角三角形，所以 $\left(\dfrac{\sqrt{2}}{2}a\right)^2 + a^2 = (2\sqrt{6})^2$，$a^2 = 16$

$\therefore a = 4(cm)(\because a > 0)$

8. 在 $\triangle APS$ 中，$\overline{PS} = \sqrt{1^2 + 2^2} = \sqrt{5}(cm)$，$\overline{PQ} = \overline{QR} = \overline{RS} = \sqrt{5}cm$，

因此，四邊形 PQRS 的周長是 $\sqrt{5} \times 4 = 4\sqrt{5}(cm)$

9. 正方形 AFGB 的面積與 $\overline{AB}^2$ 相同，在 $\triangle ABC$ 中，因 $\angle C = 90°$，

$\overline{AB}^2 = \overline{BC}^2 + \overline{AC}^2$

$= 8 + 16 = 24 (\text{cm}^2)$

10. 因 $\overline{PA}^2 = \overline{PC}^2 = \overline{PB}^2 + \overline{PD}^2$，所以 $8^2 + \overline{PC}^2 = \overline{PB}^2 + (2\sqrt{11})^2$

　　$\therefore \overline{PB}^2 - \overline{PC}^2 = 8^2 - (2\sqrt{11})^2 = 20$

11. 因 $\overline{DE}^2 = \overline{BC}^2 = \overline{BE}^2 + \overline{CD}^2$，

　　所以 $\overline{DE}^2 + 10^2 = 8^2 + 7^2$，$\overline{DE}^2 + 100 = 113$

　　$\overline{DE}^2 = 13$　$\therefore \overline{DE} = \sqrt{13}(\because \overline{DE} > 0)$

12. (正方形的對角線長) $= \sqrt{8^2 + 8^2} = 8\sqrt{2}(\text{cm})$

　　這時，正方形的對角線長與圓的直徑長相同，所以圓的半徑長是

　　$8\sqrt{2} \times \dfrac{1}{2} = 4\sqrt{2}(\text{cm})$

13. 正三角形 ADE 的面積是 $12\sqrt{3}\text{cm}^2$，所以 $\dfrac{\sqrt{3}}{4} \times \overline{AD}^2 = 12\sqrt{3}$，$\overline{AD}^2 = 48$

　　$\therefore \overline{AD} = 4\sqrt{3}(\text{cm})(\because \overline{AD} > 0)$

　　這時在正三角形 ABC 的 $\overline{AD}$ 是高，

　　$\dfrac{\sqrt{3}}{2} \times \overline{AB} = 4\sqrt{3}$　$\therefore \overline{AB} = 8(\text{cm})$

14. 因 $\overline{BG} = 6\sqrt{2}(\text{cm})$，所以正三角形 BGD 的面積是

　　$\dfrac{\sqrt{3}}{4} \times (6\sqrt{2})^2 = \dfrac{\sqrt{3}}{4} \times 72 = 18\sqrt{3}(\text{cm}^2)$

　　這時三角錐 D – BGC 的體積是 $\dfrac{1}{3} \times \left(\dfrac{1}{2} \times 6 \times 6 \right) \times 6 = 36(\text{cm}^3)$ ⋯ ⓐ

　　所以在頂點 C 中，當 △BGD 的垂足是 M 時，三角錐 D – BGC 的體積是

　　$\dfrac{1}{3} \times 18\sqrt{3} \times \overline{CM} = 6\sqrt{3} \times \overline{CM}$ ⋯ ⓑ

　　因 ⓐ = ⓑ，$36 = 6\sqrt{3} \times \overline{CM}$

　　$\therefore \overline{CM} = \dfrac{36}{6\sqrt{3}} = 2\sqrt{3}(\text{cm})$

15. 展開圖中的底面半徑長是 r cm，扇形的弧長與底面的圓周長相同，

$2\pi \times 12 \times \dfrac{90°}{360°} = 2\pi r$，得出 r = 3(cm)

又圓錐高為 h、體積為 V 時，

$h = \sqrt{12^2 - 3^2} = \sqrt{135} = 3\sqrt{15}$(cm)

$\therefore V = \dfrac{1}{3}\pi \times 3^2 \times 3\sqrt{15} = 9\sqrt{15}\pi$(cm³)

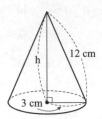

16. 在 △GEF 中，$\overline{EG} = \sqrt{10^2 + 10^2} = 10\sqrt{2}$(cm)，

又因 ∠AEG = 90°，$\overline{AG} = \sqrt{(10\sqrt{2})^2 + 10^2} = 10\sqrt{3}$(cm)

$\therefore \cos x = \dfrac{\overline{EG}}{\overline{AG}} = \dfrac{10\sqrt{2}}{10\sqrt{3}} = \dfrac{\sqrt{6}}{3}$

17. 當 $\overline{CH} = a$(cm)，$\overline{AH} = a \times \tan 60° = \sqrt{3}a$，且 $\overline{BH} = \overline{AH} = \sqrt{3}a$，

$\overline{BC} = \overline{BH} + \overline{CH} = \sqrt{3}a + a = 12$

$\therefore a = \dfrac{12}{\sqrt{3}+1} = 6(\sqrt{3}-1)$(cm)

18. 在 △ABC 中，因 $\overline{AC} = \overline{BC}$，

∠ACD = 2∠B = 30°，∠CAD = 60°，

$\overline{CD} = \overline{AD} \times \tan 60° = \sqrt{3}$，$\overline{AC} = 2$

在 △ABD 中，∠BAD = 90° − 15° = 75°

這時 $\overline{BC} = \overline{AC} = 2$，所以 $\tan 75° = \dfrac{\overline{BD}}{\overline{AD}} = \dfrac{\overline{BC} + \overline{CD}}{1} = 2 + \sqrt{3}$

19. (1) △ABD 中，$\overline{AD} = \overline{BD} \times \tan 60°$

$= 1 \times \sqrt{3} = \sqrt{3}$

$\therefore \overline{CD} = \sqrt{3}$，$\overline{AC} = \sqrt{2} \times \overline{AD} = \sqrt{6}$

這時的 △BED 是等腰三角形，且 ∠DBE = 120°，

∠BED $= \dfrac{1}{2} \times (180° - 120°) = 30°$

另一方面，從點 D 拉一條垂線到 $\overline{AB}$，其垂足是 H，

因 $\overline{BH} = \overline{BD} \times \cos 60° = \dfrac{1}{2}$，

$\overline{HE} = \overline{BE} + \overline{BH} = 1 + \dfrac{1}{2} = \dfrac{3}{2}$，

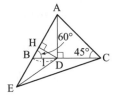

$$\overline{DE} = \frac{\overline{HE}}{\cos 30°} = \sqrt{3} \ ,$$

$$\overline{AC} + \overline{DE} = \sqrt{6} + \sqrt{3}$$

⑵　$\triangle CDE = \dfrac{1}{2} \times \overline{CD} \times \overline{DE} \times \sin(180° - 150°)$

$$= \frac{1}{2} \times \sqrt{3} \times \sqrt{3} \times \sin 30° = \frac{3}{4}$$

20. $\overline{AC} = 20 \times \sin 60° = 20 \times \dfrac{\sqrt{3}}{2} = 10\sqrt{3}\,(\text{cm})$

　　$\angle ACB = 180° - (90° + 60°) = 30°$

　　所以 $\angle ACD = 90° - 30° = 60°$

　　$\therefore \square ABCD = \triangle ABC + \triangle ACD$

$$= \frac{1}{2} \times 10 \times 10\sqrt{3} + \frac{1}{2} \times 10\sqrt{3} \times 10\sqrt{3} \times \sin 60°$$

$$= 50\sqrt{3} + 75\sqrt{3} = 125\sqrt{3}\,(\text{cm}^2)$$

21. $\square ABCD$ 的兩對角線形成的銳角大小為 x $(0° < x < 90°)$ 時，

　　$\dfrac{1}{2} \times 6\sqrt{2} \times 4\sqrt{3} \times \sin x = 18\sqrt{2}$

　　$12\sqrt{6} \times \sin x = 18\sqrt{2}$

　　$\sin x = \dfrac{18\sqrt{2}}{12\sqrt{6}} = \dfrac{\sqrt{3}}{2}$

　　$\therefore x = 60°$

22. 若 $\overline{OA} = r\,(\text{cm})$，$\overline{OH} = 6 - r\,(\text{cm})$，這時 $\overline{AH} = \dfrac{1}{2}\overline{AB} = 3\,(\text{cm})$，所以在直角三角

　　形 AOH 中，$r^2 = (6 - r)^2 + 3^2$，$12r = 45$

　　$\therefore r = \dfrac{15}{4}\,(\text{cm})$

23. $\overline{OE} \perp \overline{AE}$、$\overline{OF} \perp \overline{AF}$，且 $\angle OAE = \angle OAF = 30°$，

所以 $\overline{AO} : \overline{OF} = 2 : 1$，

$12 : \overline{OF} = 2 : 1$

$\therefore \overline{OF} = 6$

這時 $\overline{OE} = \overline{OF} = 6$，且 $\overline{AE} = \overline{AF} = \sqrt{12^2 - 6^2} = 6\sqrt{3}$

$(\triangle ABC \text{ 的周長}) = \overline{AB} + \overline{BC} + \overline{AC}$

$= (\overline{AB} + \overline{BD}) + (\overline{AC} + \overline{DC})$

$= (\overline{AB} + \overline{BE}) + (\overline{AC} + \overline{CF})$

$= \overline{AE} + \overline{AF}$

$= 6\sqrt{3} + 6\sqrt{3} = 12\sqrt{3}$

24. 若 $\overline{AD} = x$ (cm)，$\overline{BD} = x$，

$\overline{FA} = \overline{FC} = 12 - x$，

$\overline{EB} = \overline{EC} = 14 - x$，

$\overline{EF} = \overline{EC} + \overline{FC} = (14 - x) + (12 - x)$

$= 26 - 2x = 10$

得出 $x = 8$(cm)

25. ABCD 是圓 O 的外切四邊形，若要 $\overline{AD} + \overline{BC} = \overline{AB} + \overline{CD}$ 成立，

即 $\overline{AD} + \overline{BC} = 10 + 16 = 26$，

所以 $\square ABCD = \dfrac{1}{2} \times \overline{AB} \times (\overline{AD} + \overline{BC})$

$= \dfrac{1}{2} \times 10 \times 26 = 130 (\text{cm}^2)$

26. $\angle ACD = \dfrac{1}{2} \angle AOD = \dfrac{1}{2} \times 74° = 37°$，這時 $\overline{AB}$ 是圓 O 的直徑，$\angle ACB = 90°$ 且

$\overline{CE}$ 是 $\angle ACB$ 的等分線，所以 $\angle ACE = 45°$

$\therefore \angle DCE = 45° - 37° = 8°$

27. 若畫 $\overline{BC}$，$\overset{\frown}{AB}$ 長是圓周長的 $\dfrac{1}{4}$，所以 $\angle ACB = 180° \times \dfrac{1}{4} = 45°$

又 $\overset{\frown}{CD}$ 長是 $\overset{\frown}{AB}$ 長的 $\dfrac{5}{3}$，（圓周的 $\dfrac{1}{4}$）$\times \dfrac{5}{3} =$（圓周的 $\dfrac{5}{12}$），

所以 $\angle CBD = 180° \times \dfrac{5}{12} = 75°$

在 $\triangle PBC$ 中，$\angle APB = \angle PCB + \angle CBD$

$= 45° + 75° = 120°$

28. 因 $\angle DEB = \angle BDE = \angle DFE = 70°$，

所以 $\angle DEB = 180° - (70° + 70°) = 40°$。

又 $\angle FEC = \angle EFC = \angle FDE = 60°$，

所以 $\angle FCE = 180° - (60° + 60°) = 60°$

$\therefore \angle ACB - \angle ABC = \angle FCE - \angle DBE$

$= 60° - 40° = 20°$

第 7 章　機率與統計

第 27 ～ 28 天（p.208 ～ 222）

第 27 天

實戰演練 27-1 3／實戰演練 27-2 10／實戰演練 27-3 27／實戰演練 27-4 120 種／實戰演練 27-5 42 種／實戰演練 27-6 240 種／實戰演練 27-7 48／實戰演練 27-8 10／實戰演練 27-9　(1)10　(2)10／實戰演練 27-10 $\dfrac{1}{2}$／實戰演練 27-11 (1)$\dfrac{1}{3}$　(2)$\dfrac{2}{3}$／實戰演練 27-12 $\dfrac{1}{2}$／實戰演練 27-13 $\dfrac{1}{3}$／實戰演練 27-14 (1)$\dfrac{9}{100}$　(2)$\dfrac{1}{15}$／實戰演練 27-15 $\dfrac{1}{4}$

（接下頁）

第 27 ～ 28 天（p.208 ～ 222）

第 28 天

實戰演練 28-1　⑴10 公尺　⑵8　⑶25 公尺　⑷18 位／實戰演練 28-2　⑴5 個　⑵8 位　⑶65 分　⑷60％／實戰演練 28-3　12 位／實戰演練 28-4　⑴0.15 ⑵25％　⑶40 位　⑷14 位／實戰演練 28-5　14／實戰演練 28-6　4／實戰演練 28-7　⑴8 分 ⑵$\dfrac{5}{2}$　⑶$\dfrac{\sqrt{10}}{2}$ 分／實戰演練 28-8　⑴6 位　⑵72.5 分　⑶35％

實戰演練 27-1

支付 300 元的方法有：

(i)100 元銅板 3 個

(ii)100 元銅板 2 個、50 元銅板 2 個

(iii)100 元銅板 1 個、50 元銅板 4 個

所以支付 300 元的情況有 3

實戰演練 27-2

骰子丟擲出的數分別為 a、b，並以序對 (a,b) 出現，

(i) 擲出的數差為 2 的情況有：(1,3)、(2,4)、(3,1)、(3,5)、(4,2)、(4,6)、(5,3)、(6,4)，共 8 種

(ii) 擲出的數差為 5 的情況有：(1,6)、(6,1)，共 2 種

因此要求的情況為 $8 + 2 = 10$

實戰演練 27-3

每個學生剪刀石頭布會出現三種情況，所求是 $3 \times 3 \times 3 = 27$

實戰演練 27-4

$5 \times 4 \times 3 \times 2 \times 1 = 120(\text{種})$

實戰演練 27-5

$7 \times 6 = 42(\text{種})$

實戰演練 27-6

女學生 2 位必須一起，5 位為一組的情況是 $5 \times 4 \times 3 \times 2 \times 1 = 120(\text{種})$

這時 2 位女學生交換位置的情況是 $2 \times 1 = 2$ (種)

所求為 $120 \times 2 = 240$ (種)

實戰演練 27-7

百位數字不可能為 0，所以有 4 種。十位數字出現過，百位數字就不可以出現，所以也有 4 種。個位數字不會出現在百位數字與十位數字，所以有 3 種。因此自然數個數是 $4 \times 4 \times 3 = 48$

實戰演練 27-8

C 除外的 5 位中選出 2 位為代表時，求出的是 $\dfrac{5 \times 4}{2} = 10$

實戰演練 27-9

(1) $\dfrac{5 \times 4}{2} = 10$ (種)

(2) $\dfrac{5 \times 4 \times 3}{3 \times 2 \times 1} = 10$ (種)

實戰演練 27-10

$\dfrac{4}{4+3+1} = \dfrac{4}{8} = \dfrac{1}{2}$

實戰演練 27-11

(1) 所有情況是 30，且卡片上寫的數字是 3 的倍數有 3、6、9、12、15、18、

21、24、27、30，共 10 種，所求的是 $\dfrac{10}{30} = \dfrac{1}{3}$

(2) $1 - \dfrac{1}{3} = \dfrac{2}{3}$

實戰演練 27-12

所有情況是 10 且卡片上寫的數字是 3 的倍數有 3、6、9，共三種，機率是

$\dfrac{3}{10}$，又是 5 的倍數時，有 5、10，共兩種，機率為 $\dfrac{2}{10}$

因此機率是 $\dfrac{3}{10} + \dfrac{2}{10} = \dfrac{1}{2}$

實戰演練 27-13

所有值是 6 且 A 骰子出現偶數的情況下，有 2、4、6，共三種，機率是 $\dfrac{3}{6} = \dfrac{1}{2}$，又 B 骰子會出現 6 的因數有 1、2、3、6，共四種，機率是 $\dfrac{4}{6} = \dfrac{2}{3}$，因此機率是 $\dfrac{1}{2} \times \dfrac{2}{3} = \dfrac{1}{3}$

實戰演練 27-14

(1) 最初抽出中獎籤的機率是 $\dfrac{3}{10}$、第二次抽出中獎籤的機率也是 $\dfrac{3}{10}$，所求的

機率是 $\dfrac{3}{10} \times \dfrac{3}{10} = \dfrac{9}{100}$

(2) 最初抽出中獎籤的機率是 $\dfrac{3}{10}$、第二次抽出中獎籤的機率是 $\dfrac{2}{9}$，所求的機

率是 $\dfrac{3}{10} \times \dfrac{2}{9} = \dfrac{6}{90} = \dfrac{1}{15}$

實戰演練 27-15

八等分轉盤的四部分有塗色，每一次射箭，射中塗色部分的機率是 $\dfrac{4}{8} = \dfrac{1}{2}$，所

求的機率是 $\dfrac{1}{2} \times \dfrac{1}{2} = \dfrac{1}{4}$

實戰演練 28-1

(1) $10 - 0 = 10(\text{m})$

(2) $A = 35 - (2 + 6 + 10 + 5 + 4) = 8$

(3) 20m 以上、未滿 30m 一組的最大組值是 $\dfrac{20 + 30}{2} = 25(\text{m})$

(4) $2 + 6 + 10 = 18(\text{位})$

實戰演練 28-2

(3) 最大的組值是 60 分以上、未滿 70 分，所以這一組值是 $\dfrac{60 + 70}{2} = 65(\text{分})$

(4) 次數的總和是 $6 + 8 + 10 + 7 + 4 = 35(\text{位})$，且看電視超過 60 分以上的有

$$10 + 7 + 4 = 21(\,位\,)，所以 \frac{21}{35} \times 100 = 60\,(\%)$$

實戰演練 28-3

數學成績在 90 分以上、未滿 100 分的學生數 4 位，80 分以上、未滿 90 分的學生數是 $4 \times 2 = 8(\,位\,)$，所求的學生數是 $40 - (6 + 10 + 8 + 4) = 12(\,位\,)$

實戰演練 28-4

(2) 因閱讀本數在 45 本以上的學生相對次數是 $0.15 + 0.1 = 0.25$，

$0.25 \times 100 = 25(\%)$

(3) 因閱讀本書在 25 本以上、未滿 35 本的組的相對次數是 0.2，希研班上的

學生數是 $\dfrac{8}{0.2} = 40(\,位\,)$

(4) 因相對次數最大的組是 0.35，所以是 $0.35 \times 40 = 14(\,位\,)$

實戰演練 28-5

因題目提供的資料平均為 8，

$$\frac{6 + a + 7 + b + 12 + 8 + 9}{7} = \frac{a + b + 42}{7} = 8$$

$$a + b + 42 = 56$$

$$\therefore\ a + b = 14$$

實戰演練 28-6

男學生書寫工具個數由小到大的順序是 1、2、3、4、4、5、5、6

所以中間值 $a = \dfrac{4 + 4}{2} = 4$，

又女學生的書寫工具個數由小到大的順序是 3、5、6、7、8、8、8、9

所以眾數 b 是 8

得出 $b - a = 8 - 4 = 4$

實戰演練 28-7

(1) 敏正的數學平均分數是 $\dfrac{6 + 10 + 7 + 9}{4} = 8(\,分\,)$

(2) 敏正分數的離差與 (離差)² 以下列表格呈現

分數 (分)	6	10	7	9
離差 (分)	− 2	+ 2	− 1	+ 1
(離差)²	4	4	1	1

得出 (離散) $= \dfrac{4+4+1+1}{4} = \dfrac{10}{4} = \dfrac{5}{2}$

(3) (標準差) $= \sqrt{\dfrac{5}{2}} = \dfrac{\sqrt{10}}{2}$ (分)

實戰演練 28-8

(2) 國文成績在 70 分的學生，其英文成績是 50、70、80、90 分，所以英文成績的平均是 $\dfrac{50+70+80+90}{4} = \dfrac{290}{4} = 72.5$ (分)

(3) 國文成績與英文成績都在 80 分以上的學生有 7 位，$\dfrac{7}{20} \times 100 = 35$ (%)

第 27 ～ 28 天單元總整理題型（p.223 ～ 229）

1. 3 ／ 2. 8 種／ 3. 9 ／ 4. 13 ／ 5. 6 ／ 6. 36 ／ 7. 321 ／ 8. 8 ／ 9. 28 ／ 10. $\dfrac{5}{12}$ ／ 11. $\dfrac{7}{8}$ ／ 12. $\dfrac{4}{225}$ ／ 13. $\dfrac{11}{21}$ ／ 14. $\dfrac{1}{8}$ ／ 15. $\dfrac{11}{12}$ ／ 16. $\dfrac{10}{21}$ ／ 17. ③ ／ 18. 11 位 ／ 19. 80 分以上／ 20. 0.1 ／ 21. 2：3 ／ 22. (a)(b)(d) ／ 23. 7 ／ 24. 19 ／ 25. 2 ／ 26. ③ ／ 27. ⑤

1. 當 x = 1 時，y = 6；當 x = 4 時，y = 4；當 x = 7 時，y = 2，所以自然數 x、y 的有序對 (x,y) 的個數是 (1,6)、(4,4)、(7,2)，共 3 種。

2. 可支付的金額是 150 元、200 元、250 元、300 元、350 元、400 元、450 元、500 元，共 8 種。

3. (i) 兩個骰子和為 4 時，有 (1,3)、(2,2)、(3,1)，共 3 種；
   (ii) 兩個骰子和為 8 時，有 (2,6)、(3,5)、(4,4)、(5,3)、(6,2)，共 5 種；
   (iii) 兩個骰子和是 12 時，有 (6,6)，共 1 種，

所求出的是 $3 + 5 + 1 = 9$

4. (i)A → B → C 的情況是 $4 \times 3 = 12$

(ii)A → C 的情況是 1

所求的是 $12 + 1 = 13$

5. 在錫固定在最前面、昭旻固定在最後面，其餘三位在中間，所求情況為 $3 \times 2 \times 1 = 6$

6. 將 A、B、C 綁一起思考，三位組成一行人的情況為 $3 \times 2 \times 1 = 6$，這時 A、B、C 換位置的情況為 $3 \times 2 \times 1 = 6$，所求為 $6 \times 6 = 36$

7. (i) 百位數字是 1 的情況 $3 \times 2 = 6$；(ii) 百位數字是 2 的情況 $3 \times 2 = 6$。

從 (i)(ii) 可知 $6 + 6 = 12$，所以在第 15 個位置的數是百位數字是 3 的數中，第三小的數，所以從最小的數字開始，依序是 312、314、321、341、342，所求的數是 321。

8. 5 個點中選 2 個點的情況是 $\frac{5 \times 4}{2} = 10$，且在三點 C、D、E 中選 2 個點的情況是 $\frac{3 \times 2}{2} = 3$，這時直線 CD、DE、CE 全部相同，所求的直線個數是 $10 - 3 + 1 = 8$

9. 舉行比賽場次數與在八隊中選兩隊的情況相同，所以 $\frac{8 \times 7}{2} = 28$

10. 全部的情況是 $6 \times 6 = 36$

(i) 當 x = 1 時，y = 6，所以是 1 種

(ii) 當 x = 2、3 時，y = 5、6，所以是 $2 \times 2 = 4$ 種

(iii) 當 x = 4、5 時，y = 4、5、6，所以 $2 \times 3 = 6$ 種

(iv) 當 x = 6 時，y = 3、4、5、6，所以是 4 種

因此要求的機率是 $\frac{15}{36} = \frac{5}{12}$

11. 所有情況是 $2 \times 2 \times 2 = 8$(種)，且 3 次全是背面的機率是 1，所以 (最少出現一次正面的機率)＝ 1 － (3 次都出現背面的機率)＝ $1 - \frac{1}{8} = \frac{7}{8}$

12. 客運比整點早出發的機率是 $1 - (\frac{2}{3} + \frac{1}{5}) = \frac{2}{15}$，所求的機率是 $\frac{2}{15} \times \frac{2}{15} = \frac{4}{225}$

13. 從 A 袋中掏出白球、B 袋中掏出黑球的機率是 $\dfrac{4}{6} \times \dfrac{4}{7} = \dfrac{8}{21}$

從 A 袋中掏出黑球、B 袋中掏出白球的機率是 $\dfrac{2}{6} \times \dfrac{3}{7} = \dfrac{1}{7}$，

所求出的機率是 $\dfrac{8}{21} + \dfrac{1}{7} = \dfrac{11}{21}$

14. 擲出兩個不同的銅板時，兩個銅板都是正面的機率是 $\dfrac{1}{2} \times \dfrac{1}{2} = \dfrac{1}{4}$，

又骰子的點數是質數的機率是 $\dfrac{1}{2}$，所以機率是 $\dfrac{1}{4} \times \dfrac{1}{2} = \dfrac{1}{8}$

15. 因兩位獵人無法命中野豬的機率是 $1 - \dfrac{3}{4} = \dfrac{1}{4}$、$1 - \dfrac{2}{3} = \dfrac{1}{3}$，所以機率是

$1 - (\dfrac{1}{4} \times \dfrac{1}{3}) = \dfrac{11}{12}$

16. (i) 善英抽出中獎籤、敏善沒抽到中獎籤的機率是 $\dfrac{2}{7} \times \dfrac{5}{6} = \dfrac{5}{21}$

(ii) 善英沒抽出中獎籤、敏善抽出中獎籤的機率是 $\dfrac{5}{7} \times \dfrac{2}{6} = \dfrac{5}{21}$

所求機率是 $\dfrac{5}{21} + \dfrac{5}{21} = \dfrac{10}{21}$

17. ③ 各組的變量個數是次數。

18. 成績不滿 80 分的學生占全體的 70%，當分數在 70 分以上、未滿 80 的學生

數是 a 時，$\dfrac{4+5+8+a}{40} \times 100 = 70$，$17 + a = 28$，得出 $a = 11$(位)

19. 志希班上全體學生數是 $1 + 3 + 5 + 10 + 8 + 2 + 1 = 30$(位)，若要在前 10% 的話，最少要前三名。這時 80 分以上、未滿 90 分的學生有 2 位、90 分以上、未滿 100 分的學生有 1 位，所以最少 80 分以上才可以參加美術比賽。

20. 全體學生數為 a 時，$a = \dfrac{2}{0.05} = 40$，所以相對次數為 $\dfrac{4}{40} = 0.1$

21. 該組的次數是 a，兩圖的學生人數分別為 3x、2x 時，

相對次數比為 $\dfrac{a}{3x} : \dfrac{a}{2x} = \dfrac{1}{3} : \dfrac{1}{2} = 2 : 3$

22. (a)B 國中的圖形比 A 國中的圖形還要靠右，所以 B 國中的學生更重。

    (b) 相對次數和經常是 1。

    (c) 因相對次數和經常是 1，所以各個圖形與橫軸圍成部分的面積相同。

    (d)A 國中體重超過 55kg 以上的學生數是 $(0.07 + 0.03) \times 300 = 30$(位)，

    B 國中體重超過 55kg 以上的學生數是 $(0.16 + 0.12) \times 500 = 140$(位)，

    因此 B 國中比 A 國中多了 $140 - 30 = 110$(位)

23. 7 與 8 的最大次數是 2、眾數是 1，所以 x 值可能是 7 或 8。

    (i) 當 x = 7 時，平均 $= \dfrac{7+8+6+8+9+7+4+7}{8} = \dfrac{56}{8} = 7$

    (ii) 當 x = 8 時，平均 $= \dfrac{7+8+6+8+9+8+4+7}{8} = \dfrac{57}{8}$

    在 (i)(ii) 中，x = 7

24. 四個變量的中位數是 18，所以四個變量以大小羅列時，x 的位置在 17 與

    24 之間，即四個變量 14、17、x、24 中，因中位數是 18，$\dfrac{17 + x}{2} = 18$，

    $17 + x = 36$　　∴ x = 19

25. 因全體學生數是 $a + b + 4$(位)，所以在平均 $\dfrac{6 + 7a + 8b + 18 + 10}{a+b+4} = 8$ 中，

    $7a + 8b + 34 = 8a + 8b + 32$，得出 a = 2

    又離散是 1.2，所以 $\dfrac{(-2)^2 \times 1 + (-1)^2 \times 2 + 0 \times b + 1^2 \times 2 + 2^2 \times 1}{2 + b + 4} = 1.2$ 中，

    $\dfrac{12}{b+6} = 1.2$，b = 4，得出 $b - a = 4 - 2 = 2$

26. ① 到學校的距離越遠，通車上學的時間越久，所以兩變量之間是正相關。

    ② 暑假溫度越高、冷氣的銷售量會增加，所以兩變量之間是正相關。

    ③ 一天中，白天長度越長、夜晚長度就越短，所以兩變量之間是負相關。

    ④ 大致上學習時間與學業成績是成比例關係，兩變量之間是正相關。

    ⑤ 豬肉的價格與蔬菜的價格沒有相關關係。

27. ⑤ 學生 A 的身高比學生 E 的身高高。

考古題

數的運算

1.⑤ ／ 2.⑤ ／ 3.① ／ 4.① ／ 5.③ ／ 6.① ／ 7.④ ／ 8.③ ／ 9.② ／
10.② ／ 11.② ／ 12.④ ／ 13.② ／ 14.② ／ 15.④ ／ 16. 81 ／ 17. 42 ／
18. 9 ／ 19. 72 ／ 20. 78 ／ 21. 55

有理數的乘除

1. $\dfrac{5}{2} \div (-\dfrac{1}{2})^2 = \dfrac{5}{2} \div \dfrac{1}{4}$

$= \dfrac{5}{2} \times 4 = 10$

答：⑤

公倍數與最小公倍數

2. 將 24 因數分解會是 $24 = 2^3 \times 3$，

三數 $2^3 \times 3$、$2^2 \times 3 \times 5$、$2^2 \times 3^2 \times 7$ 的最小公倍數為 $2^3 \times 3^2 \times 5 \times 7$

答：⑤

平方根的意義與表示

3. A 的正平方根是 $\sqrt{a} = \sqrt{6}$，所以 $a = 6$

又 12 的負平方根是 $-\sqrt{12} = b$，

$b = -\sqrt{12} = -\sqrt{2^2 \times 3} = -2\sqrt{3}$

$\therefore \dfrac{a}{b} = \dfrac{6}{-2\sqrt{3}} = -\dfrac{3}{\sqrt{3}} = -\sqrt{3}$

答：①

補充：當 a 是正數時，a 的正平方根 $\sqrt{a}$、負的平方根 $-\sqrt{a}$ 會一起出現。

平方根的性質

4. 因 $\frac{1}{2}-12<0$，$\frac{1}{2}+10>0$

$\sqrt{(\frac{1}{2}-12)^2}=-(\frac{1}{2}-12)$

$\sqrt{(\frac{1}{2}+10)^2}=\frac{1}{2}+10$

$\therefore\sqrt{(\frac{1}{2}-12)^2}-\sqrt{(\frac{1}{2}+10)^2}$

$=-(\frac{1}{2}-12)-(\frac{1}{2}+10)$

$=-\frac{1}{2}+12-\frac{1}{2}-10$

$=1$

答：①

平方根的加減

5. $\sqrt{18}-4\sqrt{2}+\sqrt{2}=\sqrt{3^2\times2}-4\sqrt{2}+\sqrt{2}$

$=3\sqrt{2}-4\sqrt{2}+\sqrt{2}$

$=(3-4+1)\times\sqrt{2}$

$=0$

答：③

平方根的加減

6. $a=\sqrt{3}-1=\sqrt{3}-\sqrt{1}>0$

$b=\sqrt{3}-2=\sqrt{3}-\sqrt{4}<0$

$\therefore\sqrt{a^2}+\sqrt{b^2}=a-b$

$=(\sqrt{3}-1)-(\sqrt{3}-2)$

$=1$

答：①

有理數與有限小數

7. 將分數 $\dfrac{n}{2^4 \times 7}$ 轉為小數時，若要成為有限小數，分母的質因數必須能約分，n 必須是 7 的倍數。能成為 n 值的兩位數自然數中，最小的數是 $7 \times 2 = 14$

答：④

實數的大小關係

8. 學生移動的路徑是從 $-\sqrt{0.1}$ 與 -0.1，

因 $-\sqrt{0.01} > -\sqrt{0.1}$，所以要走 -0.1 這條路，

又在 $\sqrt{5}-1$、$3-\sqrt{5}$、$1-\sqrt{5}$ 中，$\sqrt{5}-1 > 3-\sqrt{5} > 1-\sqrt{5}$，所以到達的場所就是體育館。

答：③

公倍數與最小公倍數

9. 當餅乾跟飲料的重量是 75 與 120 的最小公倍數時，兩個重量相同，$a+b$ 值也必須最小。

這時 75 與 120 的最小公倍數是 600，

$75a = 600$，$a = 8$

$120b = 600$，$b = 5$

得出 $a+b = 8+5 = 13$

答：②

平方根的乘除

10. 面積為 5 的正方形邊長是 $\sqrt{5}$

$a = 3-\sqrt{5}$，$b = 3+\sqrt{5}$

$\therefore ab = (3-\sqrt{5})(3+\sqrt{5}) = 3^2 - (\sqrt{5})^2 = 4$

答：②

質因數分解

11. 在 $180 = 2^2 \times 3^2 \times 5$，質因數 2 的個數是 2、質因數 3 的個數是 2，

所以 $A(180) + B(180) = 2+2 = 4$

答：②

循環小數與其表示法

12.① 因 $\langle 3.5\dot{3} \rangle = 0.5\dot{3}$

$\quad 100 \times 3.5\dot{3} = 100 \times 3.5333\cdots = 353.3333\cdots$

$\quad \langle 100 \times 3.5\dot{3} \rangle = 0.\dot{3} \quad \therefore \langle a \rangle \neq \langle 100a \rangle$

② 因 $\langle 9.\dot{2}3\dot{5} \rangle = 0.\dot{2}3\dot{5}$

$\quad 100 \times 9.\dot{2}3\dot{5} = 100 \times 9.235235\cdots = 923.5235235\cdots$

$\quad \langle 100 \times 9.\dot{2}3\dot{5} \rangle = 0.\dot{5}2\dot{3} \quad \therefore \langle a \rangle \neq \langle 100a \rangle$

③ 因 $\langle 12.31\dot{4} \rangle = 0.31\dot{4}$

$\quad 100 \times 12.31\dot{4} = 100 \times 12.314444\cdots = 1231.44444\cdots$

$\quad \langle 100 \times 12.31\dot{4} \rangle = 0.\dot{4} \quad \therefore \langle a \rangle \neq \langle 100a \rangle$

④ 因 $\langle 17.\dot{9}\dot{1} \rangle = 0.\dot{9}\dot{1}$，$100 \times 17.\dot{9}\dot{1} = 100 \times 17.919191\cdots = 1791.919191\cdots$

$\quad \langle 1000 \times 17.\dot{9}\dot{1} \rangle = 0.\dot{9}\dot{1} \quad \therefore \langle a \rangle \neq \langle 100a \rangle$

⑤ 因 $\langle 21.1\dot{4}\dot{5} \rangle = 0.1\dot{5}\dot{4}$，$100 \times 21.1\dot{4}\dot{5} = 100 \times 21.1454545\cdots = 2114.545454\cdots$

$\quad \langle 100 \times 21.1\dot{4}\dot{5} \rangle = 0.\dot{5}\dot{4} \quad \therefore \langle a \rangle \neq \langle 100a \rangle$

所以滿足 $\langle a \rangle = \langle 100a \rangle$ 的是 ④

答：④

平方根的性質

13. 因 $f(n) = 2$，所以 $\sqrt{2n}$ 要是自然數，自然數 k 必須是 $n = 2k^2$ 的樣子。這時依序代入 $k = 1$、2、3、$\cdots$，

當 $k = 1$ 時，$n = 2 \times 1^2 = 2$

當 $k = 2$ 時，$n = 2 \times 2^2 = 8$

當 $k = 3$ 時，$n = 2 \times 3^2 = 18$

$\cdots$

當 $k = 11$ 時，$n = 2 \times 11^2 = 242$

當 $k = 12$ 時，$n = 2 \times 12^2 = 288$

因此若要滿足題目條件，300 以下的自然數 n 的個數是 12

答：②

實數與數線

14. 因邊長為 1 的正方形的對角線長是 $\sqrt{2}$，其各邊長如下

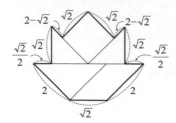

因此圖形的周長是：

$$\sqrt{2}+2-\sqrt{2}+\sqrt{2}+\frac{\sqrt{2}}{2}+2+\sqrt{2}+2+\frac{\sqrt{2}}{2}+\sqrt{2}+2-\sqrt{2}+\sqrt{2}$$
$$=8+4\sqrt{2}$$

答：②

實數與數線

15.

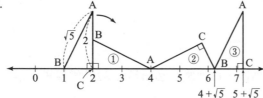

以直角三角形 ABC 的頂點 C 為中心，順時鐘方向滾動時，會是圖中的三角形 ①，以及同一頂點 C 與 A 分別往 2 與 4 對應的垂直線上的點移動。

在這狀態下，再一次以直角三角形 ABC 的頂角為中心，順時鐘方向滾動時，會形成三角形 ②，以及同一頂點 A 往 4、頂點 B 是 $\overline{AB}=\sqrt{5}$，所以在 $4+\sqrt{5}$ 對應的垂直線上的點移動。

最後是以直角三角形 ABC 的頂點 B 為中心，順時鐘方向滾動時，會形成三角形 ③，以及同一頂點 B 在 $4+\sqrt{5}$、頂點 C 是 $\overline{BC}=1$，所以在 $5+\sqrt{5}$ 對應的垂直線上的點移動。

因此，頂點 C 與垂直線首次相遇的點座標是 $5+\sqrt{5}$

答：④

循環小數與其表示法

16. 因 $\dfrac{15}{22} = 0.681818181\cdots = 0.6\overset{\bullet}{8}\overset{\bullet}{1}$，

所以 $a = 8$、$b = 1$

得出 $10a + b = 80 + 1 = 81$

答：81

公因數與最大公因數、公倍數與最小公倍數

17. A 是兩數 12 與 18 的最大公因數，所以 $A = 6$

B 是兩數 12 與 18 的最小公倍數，所以 $B = 36$

得出 $A + B = 6 + 36 = 42$

答：42

平方根的大小關係

18. 因在 $\sqrt{4} < \sqrt{7} < \sqrt{9}$，$2 < \sqrt{7} < 3$ 且 $-3 < -\sqrt{7} < -2$，

所以 $7 - 3 < 7 - \sqrt{7} < 7 - 2$ $\therefore 4 < 7 - \sqrt{7} < 5$

這時因 $\sqrt{7} - 7 = -(7 - \sqrt{7})$

所以 $-5 < \sqrt{7} - 7 < -4$

因此在 $\sqrt{7} - 7$ 與 $7 - \sqrt{7}$ 之間的整數有 -4、-3、-2、-1、0、1、2、3、4，

共有 9 個。

答：9

平方根的性質

19. 因 $288 = 2^5 \times 3^2$，所以 $\sqrt{\dfrac{288}{n}} = \sqrt{\dfrac{2^5 \times 3^2}{n}}$。

這時 $\sqrt{\dfrac{2^5 \times 3^2}{n}}$ 要成為自然數，根號內的算式必須是自然數的平方，所以 n 在

$2^5 \times 3^2$ 的因數中，$\dfrac{2^5 \times 3^2}{n}$ 必須是自然數的平方。

另一方面，自然數 n 要最大時，$\dfrac{2^5 \times 3^2}{n}$ 的值為不是 1 的最小自然數的平方，

$$\frac{2^5 \times 3^2}{n} = 2^2 \quad \therefore n = 2^3 \times 3^2 = 72$$

答：72

無理數與實數

20. 100 以下的自然數中，$\sqrt{2x}$，$\sqrt{3x}$，$\sqrt{4x}$ 要拿掉自然數 x 的個數，才能求出答案。

(i) $\sqrt{2x}$ 是有理數的 x 的個數有 2×1^2、2×2^2、2×3^2、2×4^2、2×5^2、2×6^2、2×7^2，共 7 種。

(ii) $\sqrt{3x}$ 是有理數的 x 的個數有 3×1^2、3×2^2、3×3^3、3×4^2、3×5^2，共 5 種。

(iii) $\sqrt{4x}$ 是有理數的 x 的個數有 1^2、2^2、3^2、4^2、5^2、6^2、7^2、8^2、9^2、10^2，共 10 種。

所以要求出的 100 以下的自然數 x 的個數是

$100 - 7 - 5 - 10 = 78$

答：78

平方根的性質

21. 因 a、b 皆是兩位數的自然數，

$10 \le a \le 99$，$10 \le b \le 99$ $\quad \therefore 20 \le a + b \le 198$

這時在條件 (a) 中，$a + b$ 是 24 的倍數，所以自然數是 k，當 $a + b = 24k$ 時，

$\sqrt{a+b} = \sqrt{24k} = \sqrt{2^3 \times 3 \times k}$

若這一值是自然數時，$k = 2 \times 3 \times n^2$，即 $k = 6n^2$(n 是自然數)

(i) 當 $n = 1$ 時，$k = 6$，所以 $a + b = 24 \times 6 = 144 \cdots$ⓐ

因此滿足ⓐ的兩個自然數 a,b 的有序對 (a,b) 的個數是 (45,99)、(46,98)、(47,97)⋯(99,45)，共 55 個。

(ii) 當 $n = 2$ 時，$k = 6 \times 2^2 = 24$，所以 $a + b = 24 \times 24 = 576 \cdots$ⓑ

因此滿足ⓑ的兩個自然數 a、b 並不存在。

(iii) 當 $n \ge 3$ 時，滿足與 (ii) 相同條件的兩個自然數 a，b 並不存在

因此滿足條件的兩位數自然數 a，b 的所有有序對 (a,b) 的個數是 55 個。

答：55

代數

1. ① ／ 2. ③ ／ 3. ③ ／ 4. ② ／ 5. ③ ／ 6. ⑤ ／ 7. ② ／ 8. ④ ／ 9. ② ／
10. ④ ／ 11. ③ ／ 12. ③ ／ 13. ③ ／ 14. ③ ／ 15. ④ ／ 16. ③ ／ 17. ④ ／
18. 48 ／ 19. 6 ／ 20. 298 ／ 21. 16 ／ 22. 24 ／ 23. 10 ／ 24. 20 ／ 25. 95 ／
26. 11 ／ 27. 169 ／ 28. 144

一次方程式的解

1. 在 $x + 5 = 3(x - 1)$，$x + 5 = 3x - 3$
   $2x = 8$，得出 $x = 4$

答：①

一次不等式

2. 在 $x - 5 \leq 7$，$x \leq 12$，
   所求的自然數 x 的個數有 12 個。

答：③

指數律

3. $(7^3 \times 9)^3 = (7^3 \times 3^2)^3 = 7^{3 \times 3} \times 3^{2 \times 3}$
   　　　　　　 $= 7^9 \times 3^6$
   且 a、b 是自然數，所以 $a = 9$、$b = 6$
   得出 $a + b = 9 + 6 = 15$

答：③

多項式的加減

4. $x(2x + 5) - x^2 = 2x^2 + 5x - x^2$
   　　　　　　　 $= x^2 + 5x$

答：②

多項式的加減

5. $\dfrac{x + 3}{2} + \dfrac{2x - 4}{3} = \dfrac{3(x + 3) + 2(2x - 4)}{6}$

$$= \frac{7x+1}{6} = \frac{7}{6}x + \frac{1}{6} = Ax + B$$

$$\therefore A - B = \frac{7}{6} - \frac{1}{6} = \frac{6}{6} = 1$$

答：③

多項式的加減

6. 在 $4x^2 + 3x - 1 - (2x^2 - x - 6) = 2x^2 + 4x + 5$，x 的係數是 4、常數項是 5，所以總和是 9

答：⑤

乘法公式

7. $(x - 2y)^2 = x^2 - 4xy + 4y^2$

$(x + y)(x - y) = x^2 - y^2$

$(x - 2y)^2 - (x + y)(x - y)$

$= x^2 - 4xy + 4y^2 - (x^2 - y^2)$

$= -4xy + 5y^2$

xy 的係數是 -4

答：②

多項式的加減

8. $2(a - b) - (a - 3b) = 2a - 2b - a + 3b$

$\qquad\qquad\qquad\quad = a + b$

$\qquad\qquad\qquad\quad = (2x + y) + (x - 2y)$

$\qquad\qquad\qquad\quad = 3x - y$

答：④

聯立方程式的解 1

9. $\begin{cases} 2x + y = 7 \cdots ⓐ \\ 3x - 2y = 0 \cdots ⓑ \end{cases}$

$2 \times ⓐ + ⓑ$，

$7x = 14$，得出 $x = 2$

將 x = 2 代入ⓐ時

4 + y = 7，得出 y = 3

因 a = 2、b = 3

所以 a + b = 2 + 3 = 5

答：②

因式分解

10. $x^2 + 6x + 8 = (x + 2)(x + 4)$

　　$a = 4$

答：④

乘法公式的變形

11. $x^2 + y^2 = (x + y)^2 - 2xy$

　　$22 = 6^2 - 2xy$，$2xy = 14$

　　得出 $xy = 7$

答：③

因式分解

12. 多項式 $x^2 - 8x + a$ 要成為完全平方式，a 值就是一次項係數的 $\frac{1}{2}$ 的乘積，所

　　以 $a = (\frac{-8}{2})^2 = (-4)^2 = 16$

答：③

二次方程式與其解

13. 因二次方程式 $x^2 - 3ax + 6 = 0$ 的一根是 a，

　　將 x = a 代入 $x^2 - 3ax + 6 = 0$

　　$a^2 - 3a^2 + 6 = 0$，$-2a^2 + 6 = 0$

　　$a^2 - 3 = 0$，$a^2 = 3$

　　得出 $a = \sqrt{3}$ 或 $a = -\sqrt{3}$

　　這時 a 是正數，所以 $a = \sqrt{3}$

答：③

等式的變形

14. 從圖中可知長方形的長，每次增加 1，所以陸續增加 1、2、3、4、…，寬則
是每次增加 2，所以陸續增加 1、3、5、7、…。

因此長方形的長為 x 時，寬是 $(2x-1)$，所以磁磚面積 y 是

$y = x(2x-1)$，得出 $y = 2x^2 - x$

答：③

活用二次方程式

15. 10 秒廣告的個數與 20 秒廣告的個數和是 7，3 分 = 180 秒的廣告中，10 秒
廣告與 20 秒廣告的播放時間是 $180 - 90 = 90$(秒)，所以聯立方程式是

$$\begin{cases} a + b = 7 & \cdots ⓐ \\ 10a + 20b = 90 & \cdots ⓑ \end{cases}$$

ⓐ $\times 10 -$ ⓑ 時，$b = 2$

將 $b = 2$ 代入 ⓐ，$a = 5$

得出 $a - b = 3$

答：④

活用二次方程式

16. 因三角形 ABD 與三角形 SOD 相似 (AA 相似)

$\overline{AB} : \overline{AD} = \overline{SO} : \overline{SD} = 2 : 4 = 1 : 2$

當 $\overline{AP} = x$，$\overline{SO} = \overline{AP} = x$

所以 $\overline{SD} = 2\overline{SO} = 2x$

這時四邊形 APOS，$\overline{AS} = \overline{AD} - \overline{SD} = 4 - 2x$，

又四邊形 OQCR，$\overline{OQ} = \overline{SQ} - \overline{SO} = 2 - x$，

且四邊形 APOS 與 OQCR 的面積和是 3，

$x(4 - 2x) + 2x(2 - x)$

$= 4x - 2x^2 + 4x - 2x^2$

$= -4x^2 + 8x = 3$

即 $4x^2 - 8x + 3 = 0$

所以 $(2x - 3)(2x - 1) = 0$

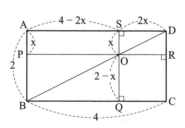

得出 $x = \dfrac{3}{2}$ 或 $x = \dfrac{1}{2}$

這時因 $\overline{AP} < \overline{PB}$，所以 $x = \dfrac{1}{2}$

$\therefore \overline{AP} = \dfrac{1}{2}$

答：③

因式分解

17. 圖一的色紙分成幾塊，不交疊的貼成圖二，所以圖一的面積與圖二相同，這時 A 是梯形、B 是四邊形，所以圖一的面積是

$(3x)^2 - [\dfrac{1}{2} \times (2x + 4) \times x] - 3 \times 2$

$= 9x^2 - x(x + 2) - 6$

$= 8x^2 - 2x - 6$

$= (4x + 3)(2x - 2) \cdots ⓐ$

且圖二的長為 l 時，此圖形面積是 $(2x - 2)l \cdots ⓑ$

因 ⓐ $=$ ⓑ，$(4x + 3)(2x - 2) = (2x - 2)l$

得出 $l = 4x + 3$

因此四邊形的長是 $4x + 3$

答：④

指數律

18. $9^2 \times (2^2)^2 \div 3^3 = (3^2)^2 \times (2^2)^2 \div 3^3 = 3^4 \times 2^4 \div 3^3$

$= 2^4 \times 3^4 \div 3^3$

$= 16 \times 3 = 48$

答：48

多項式的加減

19. $\dfrac{1}{2}(4x + 3) + 4(x - 1) = 2x + \dfrac{3}{2} + 4x - 4 = 6x - \dfrac{5}{2}$

所以 x 的係數是 6

答：6

活用因式分解

20. $300 = x$ 時，$(300 - 5)(300 + 1) + 9 = (x - 5)(x + 1) + 9$

$$= x^2 - 4x + 4 = (x - 2)^2$$

所以 $(x - 2)^2$ 的 x 以 300 代入

$(300 - 2)^2 = 298^2 = N^2$

因此自然數 N 是 298

答：298

二次方程式根的個數

21. 二次方程式 $x^2 - 8x + a = 0$ 有重根，判別式為 D 時，$D = 0$

即 $(-8)^2 - 4 \times 1 \times a = 0$，所以 $64 - 4a = 0$

得出 $a = 16$

答：16

二次方程式與其解

22. 二次方程式 $x^2 - 10x + a = 0$ 的一根是 2，所以將 $x = 2$ 代入，

$2^2 - 10 \times 2 + a = 0$，得出 $a = 16$

即二次方程式是 $x^2 - 10x + 16 = 0$，

所以 $(x - 2)(x - 8) = 0$

得出 $x = 2$ 或 $x = 8$

這時另一根是 8，所以 $b = 8$

得出 $a + b = 16 + 8 = 24$

答：24

活用二次方程式

23. $\frac{1}{2} \times x \times [x + (x + 4)] = 120$

$\frac{1}{2} \times x \times (2x + 4) = 120$

$x^2 + 2x = 120$，$x^2 + 2x - 120 = 0$

$(x + 12)(x - 10) = 0$

$\therefore x = 10 \ (\because x > 0)$

答：10

活用聯立方程式

24. ABCD 是四邊形，$\overline{AD} = \overline{BC}$，即 $2a = 3b \cdots$ ⓐ

又四邊形 ABCD 的周長是 88，

$2a + 2(a + b) + 3b = 88$

$4a + 5b = 88 \cdots$ ⓑ

將 ⓐ 代入 ⓑ

$2(3b) + 5b = 88$、$11b = 88$ 得出 $b = 8$

將 $b = 8$ 代入 ⓐ

$2a = 24$，$a = 12$

得出 $a + b = 12 + 8 = 20$

答：20

活用聯立方程式

25. A、B 兩商品以特價販售的銷售額是 340000，所以 $5000a + 2000b = 340000$，

又 A、B 兩商品以定價販售的銷售額會比以特價販售的銷售額多 140000，所

以 $6000a + 4000b = 340000 + 140000 = 480000$

兩公式以聯立方程式表示為 $\begin{cases} 5a + 2b = 340 & \cdots ⓐ \\ 3a + 2b = 240 & \cdots ⓑ \end{cases}$

ⓐ − ⓑ 時，$2a = 100$，$a = 50$

將 $a = 50$ 代入 ⓑ，$b = 45$

得出 $a + b = 50 + 45 = 95$

答：95

活用聯立方程式

26. 對 2 分題的題數是 x、對 3 分題的題數是 y，對 4 分題的題數是 $(y - 3)$ 時，

所以 $\begin{cases} x + y + (y - 3) = 22 \\ 2x + 3y + 4(y - 3) = 71 \end{cases}$，即 $\begin{cases} x + 2y = 25 & \cdots ⓐ \\ 2x + 7y = 83 & \cdots ⓑ \end{cases}$

ⓐ $\times 2 -$ ⓑ 時，$-3y = -33$，得出 $y = 11$

因此對 3 分題的題數是 11

答：11

活用二次方程式

27. 正方形 ABCD 的邊長是 x m(x > 0) 時，$\overline{ED} = (x-5)$m、$\overline{DF} = (x-3)$m

正方形 ABCD 的面積是 x^2 m²，且三角形 EFD 的面積是

$\dfrac{1}{2}(x-5)(x-3) = \dfrac{1}{2}(x^2 - 8x + 15)$

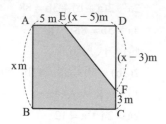

這時五角形 ABCFE 面積是 129 m²，

所以 $x^2 - \dfrac{1}{2}(x^2 - 8x + 15) = 129$

$x^2 + 8x - 15 = 258$

$x^2 + 8x - 273 = 0$

$(x + 21)(x - 13) = 0$

$\therefore x = 13 \ (\because x > 0)$

因此正方形 ABCD 的面積是 $13^2 = 169(\text{m}^2)$

所以 a = 169

答：169

活用二次方程式

28. 正方形 ABCD 的邊長為 x，$\overline{CF} = 5$，$\overline{DF} = x - 5$

這時 □ABCD = △ABE + △ADF + □AECF

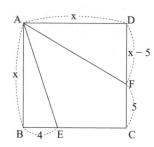

因 $x^2 = \dfrac{1}{2} \times x \times 4 + \dfrac{1}{2} \times x \times (x-5) + 78$

所以 $x^2 + x - 156 = 0$

$(x - 12)(x + 13) = 0$

$\therefore x = 12 \ (\because x > 0)$

因此正方形 ABCD 的面積是 $12^2 = 144$

答：144

座標幾何及函數

1.③／2.②／3.④／4.③／5.①／6.①／7.⑤／8.①／9.⑤／
10.⑤／11.①／12.⑤／13.②／14.③／15.③／16.④／17.⑤／
18.④／19.①／20.③／21.①／22.22／23.3／24.11／25.16／
26.4／27.16／28.18

一次函數 y = ax + b

1. 在一次函數 $y = 2x + 6$，代入 $y = 0$ 時，

   $0 = 2x + 6$，得出 $x = -3$

   又將 $x = 0$ 代入 $y = 6$

   所以 x 截距與 y 截距和是：$-3 + 6 = 3$

   答：③

反比關係

2. 反比關係 $y = \dfrac{a}{x}$ 圖形經過點 $(3,4)$，$4 = \dfrac{a}{3}$　∴ $a = 12$

   又經過點 $(6,b)$，因 $a = 12$，所以 $b = \dfrac{12}{6} = 2$

   得出 $a + b = 12 + 2 = 14$

   答：②

一次函數 y = ax + b

3. 將 $x = \dfrac{1}{2}$ 代入 $f(x) = -3x + 2$，

   $f(\dfrac{1}{2}) = (-3) \times \dfrac{1}{2} + 2 = -\dfrac{3}{2} + 2 = \dfrac{1}{2}$

   答：④

一次函數 y = ax + b

4. 點 $A(2,a)$ 是函數 $y = -2x + 9$ 圖形上的一點，

   將 $x = 2$、$y = a$ 代入 $y = -2x + 9$

   $a = (-2) \times 2 + 9 = 5$

   答：③

一次函數 $y = ax + b$

5. 在一次函數 $f(x) = ax + b$ 圖形中，x 值增加 3 時，y 值減少 6，

$a = \dfrac{-6}{3} = -2$，所以 $f(x) = -2x + b$

$$f(5) - f(2) = (-10 + b) - (-4 + b)$$
$$= -10 + b + 4 - b$$
$$= -6$$

答：①

聯立一次方程式的解與圖形

6. 兩個一次函數 $y = x + 3$、$y = 2x - 3$ 圖形的交點座標與聯立方程式

$\begin{cases} y = x + 3 \cdots ⓐ \\ y = 2x - 3 \cdots ⓑ \end{cases}$ 的解相同。

這時 ⓐ、ⓑ 的左邊相同，

$x + 3 = 2x - 3$，$x = 6$

將 $x = 6$ 代入 ⓐ，$y = 9$

所以交點座標為 $(6, 9)$

得出 $a + b = 6 + 9 = 15$

答：①

一次函數圖形的性質、平行與一致

7. 一次函數 $y = ax + b$ 圖形與一次函數 $y = 2x$ 圖形平行，兩直線的斜率相同，

即 $a = 2$。又一次函數 $y = 2x + b$ 圖形的 x 截距是 3，將 $x = 3$、$y = 0$ 代入，

$y = 2x + b$，$0 = 6 + b$，$b = -6$

得出 $a + b = 2 + (-6) = -4$

答：⑤

活用一次函數

8. 當 $x = 0$ 時，$y = 32$、當 $x = 100$，$y = 212$ 時，分別代入 $y = ax + b$ 中，

$32 = 0 + b$，$212 = 100a + 32$ $\therefore a = \dfrac{9}{5}$，$b = 32$

因此 $y = \dfrac{9}{5}x + 32$，所以 $t = \dfrac{9}{5} \times 20 + 32 = 68$

答：①

平行移動與對稱移動

9. 二次函數 $y = x^2 - 2$ 圖形往 x 軸方向平行移動 m、y 軸方向平行移動 n 的函數
   式是 $y = (x - m)^2 - 2 + n = (x + 1)^2 + 1$
   即 $m = -1$ 且 $-2 + n = 1$，$n = 3$
   得出 $m + n = -1 + 3 = 2$

答：⑤

聯立一次方程式的解與圖形

10. 點 C 是一次函數圖形與 x 軸交會的點，點 C 的 x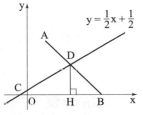

座標在 $0 = \dfrac{1}{2}x + \dfrac{1}{2}$，$x = -1$，得出 C(−1,0)。

這時因經過兩點 A(2,6)、B(8,0) 一次函數圖形的斜

率是 $\dfrac{0 - 6}{8 - 2} = 1$，一次函數式 $y = -x + b$ 時，經過點

A(2,6)，所以 $6 = -2 + b$，得出 $b = 8$，即經過兩點 A、B 的直線，以圖形呈現

的一次函數式是 $y = -x + 8$。

另一方面，點 D 是兩個一次函數 $y = \dfrac{1}{2}x + \dfrac{1}{2}$ 與 $y = -x + 8$ 圖形交點座標，

所以 $\dfrac{1}{2}x + \dfrac{1}{2} = -x + 8$，$\dfrac{3}{2}x = \dfrac{15}{2}$ $\quad \therefore x = 5$

將 $x = 5$ 代入 $y = -x + 8$ 時，因 $y = 3$，所以點 D 的座標是 (5,3)。

從點 D 拉一條直線到線段 BC 其垂足為 H 時，

$\overline{DH} = 3$ 且 $\overline{BC} = 8 - (-1) = 9$，所以三角形 CBD 的面積是 $\dfrac{1}{2} \times 9 \times 3 = \dfrac{27}{2}$

答：⑤

一次函數圖形的性質、平行與一致、二次函數 $y = a(x - p)^2$ 圖形

11. 在一次函數 $y = ax + b$ 圖形中，因 $a < 0$，$b > 0$，二次函數 $y = a(x + b)^2$ 圖形是向下的拋物線，且頂點座標為 $(-b, 0)$，所以頂點的 x 座標是負數。因此符合二次函數 $y = a(x + b)^2$ 圖形，應為 ①

答：①

二次函數 $y = ax^2$ 圖形

12. 二次函數 $y = ax^2$ 圖形與 y 軸對稱，所以 y 軸是四邊形

ABCD 的等分線

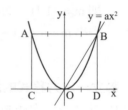

即 $\overline{AB} = \overline{CD}$，$\overline{AC} = \overline{BD}$ 且 $\overline{AB} : \overline{AC} = 6 : 5$，

關於正數 a，當 $\overline{AB} = \overline{CD} = 6a$、$\overline{AC} = \overline{BD} = 5a$ 時，

$\overline{OD} = 3a$

因此直線 OB 的斜率是 $\dfrac{\overline{BD}}{\overline{OD}} = \dfrac{5a}{3a} = \dfrac{5}{3}$

答：⑤

平方根的性質、二次函數 $y = ax^2 + bx + c$ 圖形

13. 在 $\sqrt{a^2} = -a$，$a < 0$、在 $\sqrt{b^2} = b$，$b > 0$，

且 $y = ax^2 + bx = a(x^2 + \dfrac{b}{a}x)$

$= a(x^2 + \dfrac{b}{a}x + \dfrac{b^2}{4a^2}) - \dfrac{b^2}{4a}$

$= a(x + \dfrac{b}{2a})^2 - \dfrac{b^2}{4a}$

所以二次函數 $y = ax^2 + bx$ 圖形的頂點座標是 $(-\dfrac{b}{2a}, -\dfrac{b^2}{4a})$

這時因 $a < 0$，$b > 0$，所以二次函數 $y = ax^2 + bx$ 圖形是向下的拋物線，

且 $-\dfrac{b}{2a} > 0$，$-\dfrac{b^2}{4a} > 0$，所以頂點在第一象限

又二次函數 $y = ax^2 + bx$ 圖形在 $x = 0$ 時，$y = 0$，

所以符合 $y = ax^2 + bx$ 圖形的是 ②

答：②

另一詳解：在 $y = ax^2 + bx = a(x + \dfrac{b}{2a})^2 - \dfrac{b^2}{4a}$，軸的方程式是 $x = -\dfrac{b}{2a}$ 且 $a < 0$，

$b > 0$，所以 $-\dfrac{b}{2a} > 0$，因此軸在 y 軸的右邊，又因 $a < 0$，二次函數 $y = ax^2 + bx$

圖形是向下的拋物線，並經過原點。

一次函數 $y = ax + b$

14. 四條直線 $x = 1$、$x = 3$、$y = -1$、$y = 4$ 的交點分別為

A、B、C、D，$\square ABCD = 2 \times 5 = 10$

這時一次函數 $y = ax$ 圖形與直線 AB、CD 的交點分

別為 E、F，又 E、F 的座標分別為 $(1, a)$、$(3, 3a)$，所

以 $\overline{AE} = 4 - a$，$\overline{DF} = 4 - 3a$

另一方面，一次函數 $y = ax$ 圖形將四邊形 ABCD 的

面積二等分，

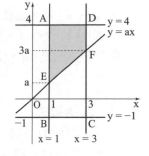

$$\square AEFD = \frac{1}{2}[(4 - a) + (4 - 3a)] \times 2$$

$$= 8 - 4a = 5$$

$$\therefore a = \frac{3}{4}$$

答：③

二次函數 $y = ax^2 + bx + c$ 圖形

15. (a) $1 = 1 - a + a$ (正確)

　(b) $y = x^2 - ax + a = (x - \dfrac{a}{2})^2 - \dfrac{1}{4}a^2 + a$，軸的方程式是 $x = \dfrac{a}{2}$

　　　所以往 x 軸方向平行移動 $-\dfrac{a}{2}$ 的圖形公式是

　　　$y = x^2 - \dfrac{1}{4}a^2 + a$，與 y 軸對稱 (正確)

　(c) 頂點座標 $(\dfrac{a}{2}, -\dfrac{1}{4}a^2 + a)$，$-\dfrac{1}{4}a^2 + a = 0$ 時，頂點在 x 軸上

　　　這時因 $a^2 - 4a = a(a - 4) = 0$，所以 $a = 0$、$a = 4$

因此要求的 a 的個數是 2(錯誤)

答：③

二次函數 $y = ax^2 + bx + c$ 圖形

16. (a) 因是向下拋物線，所以 $a < 0$

頂點的 x 座標是 $-\dfrac{b}{2a} > 0$，$b > 0$，$\therefore\ ab < 0$(錯誤)

(b) 當 $x = 1$ 時，函數值是正數，所以 $a + b + c > 0$(正確)

(c) 對稱軸是 $x = 1$，且經過點 $(0,c)$，所以經過點 $(2,c)$(正確)

所以正確的是 (b)、(c)

答：④

求出一次函數式

17. 正方形 ABCD 各邊長相同，直線 AC 斜率是 -1。這時直線 AC 的 y 截距是 b 時，此直線方程式是 $y = -x + b$。這一直線會經過點 $(2,3)$，將 $x = 2$、$y = 3$ 代入，$3 = -2 + b$，所以 $b = 5$，因此直線 AC 的 y 截距是 5

答：⑤

二次函數 $y = ax^2 + bx + c$ 圖形

18. 二次函數 $y = x^2$ 圖形上點 A 的 x 座標為 t 時，點 A 為 (t,t^2)、點 $B(t,t^2 - 1)$，點 C 是 $(t + 1,t^2 - 1)$。

這時點 C 是二次函數 $y = \dfrac{1}{2}x^2$ 圖形上的點，所以 $t^2 - 1 = \dfrac{1}{2}(t+1)^2$，

$t^2 - 2t - 3 = 0$

$(t + 1)(t - 3) = 0$

得出 $t = -1$ 或 $t = 3$

由於點 A 是第一象限上的點，所以 $t = 3$

因此點 A 的 x 座標與 y 座標和是 $3 + 9 = 12$

答：④

二次函數 $y = ax^2 + bx + c$ 圖形

19. 條件 (a) 的 $\overline{AP} = \overline{PQ} = \overline{QB} = 2$，所以點 P、Q 的座標分別為 P(4,2)、Q(6,2)

又二次函數 $y = ax^2 + bx + c$ 圖形與軸對稱，且條件 (b) 的二次函數圖形的頂點 y 座標是 4，所以頂點是 (5,4)

二次函數式是 $y = a(x - 5)^2 + 4$ ($a \neq 0$ 的常數) 時，

二次函數 $y = a(x - 5)^2 + 4$ 圖形經過點 P(4,2)，

$2 = a(4 - 5)^2 + 4$

得出 $a = -2$

即根據二次函數式是 $y = -2(x - 5)^2 + 4$

所以 $y = -2(x - 5)^2 + 4$

$\quad\quad = -2(x^2 - 10x + 25) + 4$

$\quad\quad = -2x^2 + 20x - 46$

因此 $a = -2$、$b = 20$、$c = -46$，

所以 $a + b + c = -28$

答：①

因式分解、二次函數與其圖形

20. x 座標是 1、2、3…時，y 座標比 x 座標平方值還小的點的個數，

要依序求出時，

當 x 座標是 1 時，0 個

當 x 座標是 2 時，$2^2 - 1 = 3$ 個

當 x 座標是 3 時，$3^2 - 1 = 8$ 個

當 x 座標是 4 時，$4^2 - 1 = 15$ 個

…

所以 x 座標是 P 時，點的個數 $N = p^2 - 1$

因此當 x 座標是 43 時，$N = 43^2 - 1 = (43 - 1)(43 + 1) = 42 \times 44$

且 42×44 經過因數分解後是 $2^3 \times 3 \times 7 \times 11$，

所以自然數 N 的質因數是 2、3、7、11，

因此無法成為自然數 N 的質因數是 5

答：③

二次函數 $y = ax^2 + bx + c$ 圖形

21. 經過點 A、B，與 x 軸的垂直直線式是 x = t (t 是實數)，所以點 A、B 分

別是 $y = x^2 - 2x + 1$、$y = -\frac{1}{2}x^2 + 3x - \frac{5}{2}$ 圖形上的點，所以兩點座標分別為

$A(t, t^2 - 2t + 1)$、$B(t, -\frac{1}{2}t^2 + 3t - \frac{5}{2})$

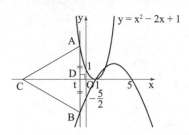

又直線 AB 與 x 軸交會的點為 D 時，三角形 ABC 是正三角形，所以線段 CD
是線段 AB 的垂直等分線。

這時，$\overline{AD} = t^2 - 2t + 1$，

$\overline{BD} = -(-\frac{1}{2}t^2 + 3t - \frac{5}{2}) = \frac{1}{2}t^2 - 3t + \frac{5}{2}$

且 $\overline{AD} = \overline{BD}$，所以 $t^2 - 2t + 1 = \frac{1}{2}t^2 - 3t + \frac{5}{2}$

整理成兩邊同時乘以 2 後，

$2t^2 - 4t + 2 = t^2 - 6t + 5$

$t^2 + 2t - 3 = 0$

$(t - 1)(t + 3) = 0$

得出 $t = 1$ 或 $t = -3$

(i) t = 1 時，

$\overline{AD} = \overline{BD} = 0$，所以無法形成三角形。

(ii) t = −3 時，$\overline{AD} = (-3)^2 - 2 \times (-3) + 1 = 16$，

正三角形 ABC 的邊長為 $16 \times 2 = 32$，

所以正三角形 ABC 高度為 $\frac{\sqrt{3}}{2} \times 32 = 16\sqrt{3}$

因此點 C 的 x 座標是 $-3+16\sqrt{3}$ 或 $-3-16\sqrt{3}$

根據 (i)(ii)，正數 k 值是 $-3+16\sqrt{3}$

$f(t) = 2t - 3$，$a = 3$，$b = -3 + 16\sqrt{3}$

因此 $f(a) + b = 2 \times (-3) - 3 + (-3 + 16\sqrt{3})$

$\qquad\qquad\quad = -12 + 16\sqrt{3}$

答：①

求出一次函數式

22. 一次函數圖形的 y 截距為 b 時，斜率為 4，一次函數式是 $y = 4x + b$。

　這時此函數圖形經過點 $(2,30)$，所以 $30 = 4 \times 2 + b$ 得出 $b = 22$，

　因此 y 截距是 22。

答：22

一次函數 $y = ax + b$、一次函數圖形的性質、平行與一致

23. 直線 $y = ax + b$ 與直線 $y - 2x$ 　3 互相平行，所以 $a = 2$

　又直線 $y = ax + b$ 與直線 $y = x + 1$ 在 y 軸交會，所以 $b = 1$

　得出 $a + b = 3$

答：3

　參考：

　(1) 平行兩直線的斜率相同。

　(2) 兩直線在 y 軸上交會時，交會點是 y 截距，所以兩直線的 y 截距相同。

求出一次函數式

24. 二次函數 $y = (x - 4)^2 + k$ 圖形的頂點座標是 $(4,k)$，且頂點 $(4,k)$ 在 $y = 3x - 1$

　圖形上，所以 $k = 3 \times 4 - 1 = 11$

答：11

二次函數 $y = ax^2 + bx + c$ 圖形

25. 在二次函數 $y = x^2 - 2x - 3 = (x - 1)^2 - 4$ 中，點 A 座標為 $(1, -4)$ 且在二次函

　數 $y = x^2 - 10x + 21 = (x - 5)^2 - 4$ 中，點 B 的座標是 $(5, -4)$。

　這時二次函數 $y = x^2 - 2x - 3$ 圖形與 x 軸交點 C、D 的 x 座標是

$x^2 - 2x - 3 = 0$，$(x + 1)(x - 3) = 0$

即 $x = -1$ 或 $x = 3$，所以 C、D 兩點的座標是 C(3,0)、D(-1,0)

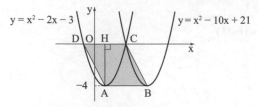

因 $\overline{AB} // \overline{CD}$，$\overline{AB} = \overline{CD} = 4$，所以四邊形 ABCD 是平行四邊形，

且從頂點 A 到 x 軸拉一直線的垂足為 H 時，$\overline{AH} = 4$

因此四邊形 ABCD 的面積是 $\overline{AB} \times \overline{AH} = 4 \times 4 = 16$

答：16

活用正比、反比關係

26. ABCD 是邊長為 4 的正方形，所以 $\overline{CA} = 4$，$\overline{OC} = 2$，點 A 是 (4,2)

這時點 A 是反比關係 $y = \dfrac{b}{x}$ 圖形上的點，$2 = \dfrac{b}{4}$ ∴ $b = 8$

又點 A 是正比關係 $y = ax$ 圖形上的點，$2 = 4a$ ∴ $a = \dfrac{1}{2}$

∴ $ab = \dfrac{1}{2} \times 8 = 4$

答：4

二次函數 $y = a(x - p)^2 + q$ 圖形

27. 在三個二次函數中，$y = -x^2$、$y = -(x + 2)^2 + 4$、$y = -(x + 4)^2$

x^2 的係數都是 -1，所以三個二次函數圖形的幅度與模樣彼此相同。

因此如下圖，A 部分移動至 A'、B 部分移動至 B'，要求出的面積與邊長為 4
的正方形面積相同，$4 \times 4 = 16$

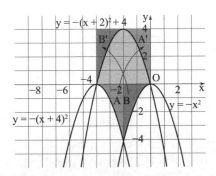

答：16

二次函數 $y = ax^2 + bx + c$ 圖形

28. 在 $y = -x^2 - 2x - 7 = -(x+1)^2 - 6$，二次函數 $y = -x^2 - 2x - 7$ 圖形的頂點座標

是 $(-1, -6)$，所以點 A 的座標是 $(-1, -6)$

這時二次函數 $y = f(x)$ 是 $f(x) = a(x+1)^2 - 6$ $(a \neq 0$ 的常數$)$，

在條件 (a) 中的三角形 ABC 面積為 12，

所以 $\triangle ABC - \dfrac{1}{2} \times \overline{BC} \times |-6| = 3\overline{BC} = 12$

$\therefore \overline{BC} = 4$

又二次函數 $y = f(x)$ 圖形對稱直線 $x = -1$，

所以 B、C 兩點是 $(1, 0)$ 或 $(-3, 0)$

另一方面，函數 $y = f(x)$ 圖形經過點 $(1, 0)$

$0 = a(1+1)^2 - 6$，$4a = 6$　$\therefore a = \dfrac{3}{2}$

因此 $f(x) = \dfrac{3}{2}(x+1)^2 - 6$

所以 $f(3) = \dfrac{3}{2} \times 4^2 - 6 = 24 - 6 = 18$

答：18

空間與形狀

1.① ／ 2.③ ／ 3.⑤ ／ 4.⑤ ／ 5.③ ／ 6.③ ／ 7.② ／ 8.④ ／ 9.① ／
10.② ／ 11.③ 12.④ ／ 13.① ／ 14.① ／ 15.④ ／ 16.① ／ 17.④ ／
18.⑤ ／ 19.② ／ 20.② ／ 21.④ ／ 22.④ ／ 23.③ 24.③ ／ 25.④ ／
26.④ ／ 27.⑤ ／ 28.⑤ ／ 29.① ／ 30.⑤ ／ 31.① ／ 32.① ／ 33.② ／
34.⑤ ／ 35.③ ／ 36.⑤ ／ 37.③ ／ 38. 36 ／ 39. 4 ／ 40. 5 ／ 41. 20 ／
42. 200 ／ 43. 432 ／ 44. 9 ／ 45. 35 ／ 46. 16 ／ 47. 14 ／ 48. 12 ／ 49. 11 ／
50. 138 ／ 51. 180 ／ 52. 60 ／ 53. 172 ／ 54. 13

立體圖形的表面積與體積

1. 圖為底面是直角三角形，且高為 6 的三角柱，這時三角

柱的底面面積是 $\frac{1}{2} \times 2 \times 3 = 3$，且高為 6，所求的體積為

$3 \times 6 = 18$。

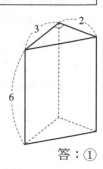

答：①

兩直線的位置關係

2. 歪斜的兩直線，既不平行也不交會，不可能出現在同一平面中。

答：③

相交於一點　　不相交（平行）　　一致（重疊）

平行四邊形的性質、三角形的重心

3. 平行四邊形的兩對角線是不同的等分線，所以線段 BD 會經過兩三角形的重

心，這時連接兩三角形重心的線段 EF 長是對角線 BD 長的 $\frac{1}{3}$，所以

$$\overline{EF} = \frac{1}{3} \times 24 = 8$$

答：⑤

相似圖形的面積比與體積比

4. A、B 兩珠的相似比是 $8:12 = 2:3$，體積比是 $2^3 : 3^3 = 8:27$

這時根據體積比 $a:b = 8:27$，兩珠的價格是 $\dfrac{b}{a} = \dfrac{27}{8}$

答：⑤

三角形的相似條件

5. 兩三角形 ABD 與 DBC 中，$\angle ABD = \angle DBC$，$\angle ADB = \angle DCB$，

所以 $\triangle ABD \backsim \triangle DBC$ (AA 相似)

即因 $\overline{AB}:\overline{DB} = \overline{DB}:\overline{CB}$，所以 $\overline{DB}^2 = \overline{AB} \times \overline{CB} = 4 \times 9 = 36$

$\therefore \overline{DB} = 6 \ (\because \overline{DB} > 0)$

又 $\overline{AB}:\overline{AD} = \overline{DB}:\overline{DC}$ 且 $\overline{DB} = 6$，所以 $\overline{AB} \times \overline{DC} = \overline{AD} \times \overline{DB}$

$4 \times \overline{DC} = 3 \times 6$

$\therefore \overline{DC} = \dfrac{18}{4} = \dfrac{9}{2}$

答：③

畢氏定理、三角函數與三角函數的值

6. 根據畢氏定理，直角三角形 ABC 的 $\overline{AC}^2 = \overline{AB}^2 - \overline{BC}^2$，

所以 $\overline{AC} = \sqrt{\overline{AB}^2 - \overline{BC}^2} = \sqrt{4^2 - 3^2} = \sqrt{7}$

$\therefore \tan B = \dfrac{\overline{AC}}{\overline{BC}} = \dfrac{\sqrt{7}}{3}$

答：③

畢氏定理

7. 從點 A 拉一直線到線段 BC 垂足是 H 時，因三角形 ABC 的面積是 14，

所以 $\dfrac{1}{2} \times \overline{BC} \times \overline{AH}$

$= \dfrac{1}{2} \times 7 \times \overline{AH} = 14$

$\therefore \overline{AH} = 4$

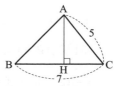

又根據畢氏定理，三角形 ACH 的 $\overline{CH} = \sqrt{\overline{AC}^2 - \overline{AH}^2} = \sqrt{5^2 - 4^2} = \sqrt{9} = 3$

這時因 $\overline{BH} = \overline{BC} - \overline{CH} = 7 - 3 = 4$

所以根據畢氏定理，三角形 ABH 的 $\overline{AB} = \sqrt{\overline{BH}^2 + \overline{AH}^2} = \sqrt{4^2 + 4^2} = \sqrt{32} = 4\sqrt{2}$

答：②

圓內接三角形

8. 四點 A、B、D、E 在同一圓上，因 $\angle BAD = 72°$，$\overline{AB} = \overline{AD}$，

$\angle ABD = \angle ADB = \dfrac{1}{2}(180° - 72°) = 54°$

此時四邊形 ABDE 是圓內接圖形，

所以 $\angle ABD + \angle AED = 180°$

$\therefore \angle AED = 180° - 54° = 126°$

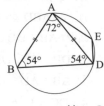

答：④

平行線與線段長的比

9. 圖是長為 55 的踏板，其上、下的兩垂足分別為 A、B、

C、D、E、F，畫出線段 BE 時，根據三角形兩邊中點的

線段性質，$\overline{CG} = \dfrac{1}{2}\overline{AB}$，$\overline{GD} = \dfrac{1}{2}\overline{EF}$

新踏板是 $\overline{AB}$ 與 $\overline{EF}$，要求的兩踏板長度和為

$\overline{AB} + \overline{EF} = 2\overline{CG} + 2\overline{GD} = 2(\overline{CG} + \overline{GD})$

$2\overline{CD} = 2 \times 55 = 110$

答：①

平行線與面積

10. 畫出 $\overline{AC}$ 時，$\triangle APC = \dfrac{2}{3}\triangle ABC$，$\triangle QCA = \dfrac{2}{3}\triangle CDA$，

所以 $\square APCQ = \triangle APC + \triangle QCA$

$= \dfrac{2}{3}(\triangle ABC + \triangle CDA)$

$$= \frac{2}{3}\square ABCD = \frac{2}{3}\times 48 = 32$$

答：②

平行線與面積

11. 從點 P 到頂點 A、C 畫一輔助線，

$\triangle BPD = a$、$\triangle BFP = b$、$\triangle PEA = c$時，

$\triangle BPD = \triangle PDA = a$，$\triangle BFP = b$，$\triangle FCP = 2b$，

又 $\triangle PEA = \triangle PCE = c$ 且 $\triangle BEA = \triangle BCE$，

$2a + c = 3b + c$　$\therefore b = \frac{2}{3}a$

$\therefore \triangle BFP = \frac{2}{3}\triangle BPD = \frac{2}{3}\times 36 = 24$

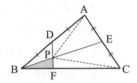

答：③

補充：高相同的兩個三角形的面積比與底面長度比相同。

$\triangle ABC : \triangle ACD = \overline{BC} : \overline{CD}$

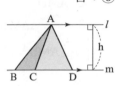

相似圖形的性質

12. 三角形 ABD 是直角三角形，所以 $\overline{BD} = \sqrt{5^2 + 12^2} = 13$

又線段 AP 是 $\angle DAB$ 的等分線，所以 $\overline{AB} : \overline{AD} = \overline{BP} : \overline{DP} = 5 : 12$

$\therefore \overline{BP} = 13 \times \frac{5}{17} = \frac{65}{17}$

同理在 $\triangle BCD$，$\overline{DQ} = 13 \times \frac{5}{17} = \frac{65}{17}$

因此 $\overline{PQ} = 13 - 2 \times \frac{65}{17} = 13 - \frac{130}{17} = \frac{91}{17}$

$\therefore a + b = 17 + 91$

$= 108$

答：④

直角三角形的全等條件

13. 畫出線段 AM，在兩直角三角形 ABM 與 AHM 中，

∠ABM = ∠AHM = 90°，$\overline{BM} = \overline{MH}$，共有 $\overline{AM}$，

所以 △ABM ≅ △AHM (RHS 全等)

又畫出線段 MD，兩直角三角形 DHM 與 DCM 中，

∠MHD = ∠MCD = 90°，$\overline{CM} = \overline{MH}$，共有 $\overline{DM}$，

所以 △MHD ≅ △MCD (RHS 全等)

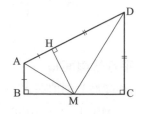

這時 □ABCD = 36 且 □ABMH = 2△AMH，

因 □DHMC = 2△DHM，

□ABCD = □ABMH + □DHMC

= 2△AHM + 2△MHD

= 2(△AHM + △MHD)

= 2△AMD

= 36   ∴ △AMD = 18

即因 △AMD = 18，所以 $\triangle AMD = \dfrac{1}{2} \times \overline{AD} \times \overline{MH}$

$= \dfrac{1}{2} \times \overline{AD} \times 4$

$= 2\overline{AD} = 18$

∴ $\overline{AD} = 9$

答：①

三角形的內心

14. 從內接圓中心往三角形三邊拉一條直線，其垂
足分別是 D、E、F，

當 $\overline{AF} = x$ 時，根據內接圓的性質 $\overline{AF} = \overline{AE} = x$，

$\overline{BF} = \overline{BD} = 10$，$\overline{CD} = \overline{CE} = 2$，

這時三角形 ABC 的內接圓半徑長為 2，

所以 $\triangle ABC = \dfrac{1}{2} \times 2 \times (\overline{AB} + \overline{BC} + \overline{CA})$

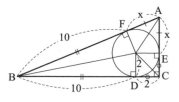

$$= \frac{1}{2} \times 2 \times [(x + 10) + 12 + (2 + x)] = 2x + 24 \cdots ⓐ$$

又三角形 ABC 的底邊是 $\overline{BC}$、高是 $\overline{AC}$，

所以 $\triangle ABC = \frac{1}{2} \times \overline{BC} \times \overline{AC} = \frac{1}{2} \times 12 \times (x + 2) = 6x + 12 \cdots ⓑ$

因 ⓐ = ⓑ

$2x + 24 = 6x + 12$，$4x = 12$

得出 $x = 3$

另一方面，直角三角形 ABC 的斜邊長為 13，所以三角形 ABC 外切圓的半徑

長為 $\frac{13}{2}$，因此直角三角形 ABC 的外切圓周長為 $2\pi \times \frac{13}{2} = 13\pi$

答：①

等腰三角形的性質

15. 畫出 $\overline{PC}$，線段 BC 的中點是 M 時，$\overline{BM} = \overline{CM}$，

$\overline{PM} \perp \overline{BC}$，所以三角形 PBC 是等腰三角形

這時 $\overline{BP}$，$\overline{BC}$ 是扇形 BCA 的半徑長，所以 $\overline{BP} = \overline{BC}$，

即在 $\triangle PBC$ 中，$\overline{BP} = \overline{BC} = \overline{PC}$，所以是正三角形

又 $\square ABCD$ 是正方形，所以 $\overline{BC} = \overline{CD}$，

且在 $\triangle PBC$ 中，$\overline{BC} = \overline{PC}$，所以三角形 CDP 是 $\overline{CP} = \overline{CD}$

的等腰三角形

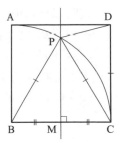

另一方面，在三角形 CDP 中，因為

$\angle PCD = 90° - \angle PCB = 90° - 60° = 30°$

$\angle CPD = \frac{1}{2}(180° - 30°) = 75°$

$\therefore \angle BPD = \angle BPC + \angle CPD$

$= 60° + 75° = 135°$

答：④

畢氏定理、三角函數與三角函數的值

16. 在三角形 ABC 中，因 $\overline{AH} : \overline{HB} = 3 : 2$，

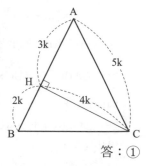

所以若 $\overline{AH} = 3k$，$\overline{HB} = 2k$ 時，因 $\overline{AB} = \overline{AC}$，$\overline{AB} = 5k$

這時因直角三角形 AHC 的 $\overline{CH}^2 = \overline{AC}^2 - \overline{AH}^2$，

所以 $\overline{CH}^2 = 25k^2 - 9k^2 = 16k^2$　∴ $\overline{CH} = 4k$ ($\because \overline{CH} > 0$)，

因此直角三角形 BCH 的 $\tan B = \dfrac{\overline{HC}}{\overline{HB}} = \dfrac{4k}{2k} = 2$

答：①

相似圖形的面積比與體積比、畢氏定理

17. 因 $\overline{AB} : \overline{BC} = \sqrt{3} : 1$，所以 $\overline{BC} = a(a > 0)$時，$\overline{AB} = \sqrt{3}a$

且依據畢氏定理 $\overline{CA} = \sqrt{(\sqrt{3}a)^2 + a^2} = 2a$，

所以 $\overline{AB} : \overline{BC} : \overline{CA} = \sqrt{3} : 1 : 2$

這時以三角形的各邊為邊，各畫出正五角形，三個正五角形皆為相似圖形，

相似比為 $\overline{AB} : \overline{BC} : \overline{CA} = \sqrt{3} : 1 : 2$，所以三個正五角形的面積比為

$(\sqrt{3})^2 : 1^2 : 2^2 = 3 : 1 : 4$

邊 CA 形成的正五角形的面積為 S 時，因邊 AB 形成的正五角形的面積為

54，所以 $3 : 4 = 54 : S$，得出 $S = 72$

答：④

畢氏定理、三角函數與三角函數的值

18.

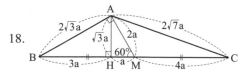

從點 A 到線段 BC 拉一條直線的垂足是 H 時，若 $\overline{HM} = a(a > 0)$，

則 $\overline{HM} : \overline{AH} : \overline{AM} = 1 : \sqrt{3} : 2$，$\overline{AH} = \sqrt{3}a$，$\overline{AM} = 2a$

又在三角形 BAH 中，因 $\overline{AH} : \overline{BH} : \overline{AB} = 1 : \sqrt{3} : 2$，

$\overline{BH} = 3a$，$\overline{AB} = 2\sqrt{3}a$

$\overline{BM} = 3a + a = 4a$，$\overline{CM} = \overline{BM} = 4a$，$\overline{HC} = a + 4a = 5a$

且三角形 AHC 是直角三角形，所以 $\overline{AC} = \sqrt{(\sqrt{3}a)^2 + (5a)^2} = \sqrt{28a^2} = 2\sqrt{7}a$

$$\therefore \cos C = \frac{\overline{CH}}{\overline{AC}} = \frac{5a}{2\sqrt{7}a} = \frac{5\sqrt{7}}{14}$$

答：⑤

畢氏定理、三角函數與三角函數的值

19. 如圖為 $\angle B = 90°$ 的直角三角形 ABC，$\sin A = \dfrac{\overline{BC}}{\overline{AC}} = \dfrac{2\sqrt{2}}{3}$，

這時關於正數 k，$\overline{AC} = 3k$，$\overline{BC} = 2\sqrt{2}k$ 時，依據畢氏定理

$$\overline{AB}^2 = \overline{AC}^2 - \overline{BC}^2$$

$$= 9k^2 - 8k^2 = k^2$$

$$\therefore \overline{AB} = k\ (\because \overline{AB} > 0)$$

$$\therefore \cos A = \frac{\overline{AB}}{\overline{AC}} = \frac{k}{3k} = \frac{1}{3}$$

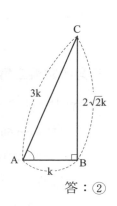

答：②

直角三角形的邊長

20. 從點 E 拉一條直線到 $\overline{GD}$ 的垂足為 H 時，$\overline{GD} = \overline{GH} + \overline{HD}$

又從點 E 拉一條直線到 $\overline{AG}$ 的交點為 I 時，

三角形 AEI 的 $\overline{EI} = \overline{AI} = \overline{CF} = 45(m)$

因三角形 EDH 的 $\overline{DH} = \overline{EF} = 30(m)$，

所以 $\overline{GD} = \overline{GH} + \overline{HD} = 45 + 30 = 75(m)$

另一方面，在三角形 AGB 中，$\overline{BG} = \overline{AG}\tan 30° = 90 \times \dfrac{\sqrt{3}}{3} = 30\sqrt{3}$

$$\therefore \overline{BD} = \overline{BG} + \overline{GD} = 30\sqrt{3} + 75 = 75 + 30\sqrt{3}$$

答：②

一次函數 y = ax + b、三角形的相似

21. 二次函數 $y = -\dfrac{3}{4}x + 3$ 圖形的斜率是 $-\dfrac{3}{4}$，所以 $\overline{AQ} : \overline{QP} = 3 : 4$

這時關於正數 k，$\overline{AQ} = 3k$，$\overline{QP} = 4k$ 時，三角形 AQP 面積是 $\dfrac{8}{3}$，

所以 $\dfrac{1}{2} \times 4k \times 3k = \dfrac{8}{3}$，$6k^2 = \dfrac{8}{3}$，$k^2 = \dfrac{4}{9}$

$\therefore k = \dfrac{2}{3}$ ($\because k > 0$)

即點 A 的 y 座標是 3 且 $\overline{AQ} = 3 \times \dfrac{2}{3} = 2$，所以點 P 的座標是 1

答：④

三角函數與三角函數的值

22. 當 $\overline{CH} = a(a > 0)$ 時，直角三角形 AHC 的 $\tan 60° = \dfrac{\overline{AH}}{\overline{CH}}$

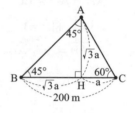

$\therefore \overline{AH} = \tan 60° \times \overline{CH} = \sqrt{3}a$

因三角形 ABH 是等腰三角形，所以 $\overline{BH} = \overline{AH} = \sqrt{3}a$

這時因 $\overline{BC} = \overline{BH} + \overline{HC} = \sqrt{3}a + a = 200$，$(\sqrt{3}+1)a = 200$

$\therefore a = \dfrac{200}{\sqrt{3}+1} = \dfrac{200(\sqrt{3}-1)}{(\sqrt{3}+1)(\sqrt{3}-1)} = 100(\sqrt{3}-1)$

$\therefore \overline{AH} = \sqrt{3}a = \sqrt{3} \times 100(\sqrt{3}-1)$

$= 100(3-\sqrt{3})(m)$

答：④

三角函數與三角函數的值、圓周角與中心角

23. 半圓的圓周角大小是 $90°$，$\angle BCA = 90°$

弧 BC 的中心角大小是 $180° \times \dfrac{1}{5} = 36°$，$\angle CAB = 18°$

所以直角三角形 ABC 的 $\sin 18° = \dfrac{\overline{BC}}{\overline{AB}} = \overline{BC}$

答：③

畢氏定理

24. 如圖，線段 BC 的中點是 O、線段 AB、弧 BC、弧 AC 同時相接的圓 O'，其半徑長為 r，從圓 O' 的中心拉一條直線到線段 BC 的垂足是 H 時，

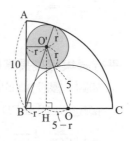

$\overline{BQ'} = 10 - r$，$\overline{BH} = r$，$\overline{HO} = 5 - r$，$\overline{OO'} = 5 + r$

且因 $\overline{BO'}^2 - \overline{BH}^2 = \overline{OO'}^2 - \overline{HO}^2$，

$(10-r)^2 - r^2 = (5+r)^2 - (5-r)^2$

$100 - 20r + r^2 - r^2 = 25 + 10r + r^2 - 25 + 10r - r^2$

$100 - 20r = 20r$，$40r = 100$ $\therefore r = \dfrac{5}{2}$

因此圓 O' 的面積是 $\pi \times (\dfrac{5}{2})^2 = \dfrac{25}{4}\pi$

所以 $p + q = 4 + 25 = 29$

答：③

三角形的高與面積

25. 三角形 ABD 與三角形 ACD 的面積分別為

$\triangle ABD = \dfrac{1}{2} \times 12 \times \overline{AD} \times \sin 45°$

$= \dfrac{1}{2} \times 12 \times \overline{AD} \times \dfrac{\sqrt{2}}{2}$

$= 3\sqrt{2} \times \overline{AD}$

$\triangle ACD = \dfrac{1}{2} \times 8\sqrt{2} \times \overline{AD} \times \sin 30°$

$= \dfrac{1}{2} \times 8\sqrt{2} \times \overline{AD} \times \dfrac{1}{2}$

$= 2\sqrt{2} \times \overline{AD}$

這時高度相同的兩個三角形的面積比，與底邊長比相同，

所以 $\overline{BD} : \overline{DC} = \triangle ABD : \triangle ADC$

$= 3\sqrt{2} \times \overline{AD} : 2\sqrt{2} \times \overline{AD}$

$= 3 : 2$

$$\therefore \frac{\overline{BD}}{\overline{DC}} = \frac{3}{2}$$

答：④

平行線與線段長度比

26. 如圖，線段 BD 的中點是 G、將點 G、E 用線段連
接起來，因△BCD ∽ △BEG，

所以 $\overline{EG} = \frac{1}{2}\overline{CD}$

又因 △AGE ∽ △ADF，

所以 $\overline{DF} = \frac{1}{2}\overline{EG}$　∴$\overline{FC} = 3\overline{DF}$

這時因 $\overline{AD} = \overline{DG}$，$\overline{AF} = \overline{FE}$，

$$\triangle ADE = \frac{1}{2} \times \overline{AF} \times \overline{DF} \times \sin(\angle AFD)$$

$$\triangle CEF = \frac{1}{2} \times \overline{FE} \times \overline{FC} \times \sin(\angle CFE)$$

$$= \frac{1}{2} \times \overline{AF} \times 3\overline{DF} \times \sin(\angle AFD)$$

$$\therefore \frac{\triangle ADF}{\triangle FEC} = \frac{1}{3}$$

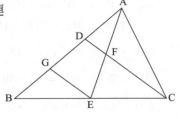

答：④

切線與弦形成的角

27. $\angle BAC = x°$ 時，直線 PC 是圓的切線，因此根
據切線與弦形成的角的性質

$\angle BCP = \angle BAC = x°$

又三角形 BPC 的 $\angle ABC$ 是 $\angle B$ 的外角，

$\angle ABC = \angle BCP + \angle BPC = x° + 42°$

因 $\overline{AB} = \overline{AC}$，所以三角形 ABC 是等腰三角
形，即 $\angle ABC = \angle ACB = x° + 42°$

這時三角形 ABC 的內角和是 $180°$

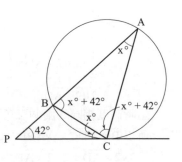

$$x° + (x° + 42°) + (x° + 42°) = 180°$$

$$3x° + 84° = 180°，3x° = 96°，得出 x = 32°$$

答：⑤

長方形的對角線長

28. 因四邊形 EGHF 的 $\overline{EG} : \overline{GH} = 1 : 2$，線段 EF 的
中點 N 時，$\overline{EN} = \overline{EG}$
線段 MN 與線段 GH 的交點為 P 時，四邊形
EGPN 是正方形。

這時若 $\overline{EN} = x$ 時，$\overline{GN} = \sqrt{2}x$ 且正方形 ABMN
的 $\overline{BN} = 2\sqrt{2}$，則 $\overline{GN} = \overline{BN} - \overline{BG} = 2\sqrt{2} - 2$

即因 $2\sqrt{2} - 2 = \sqrt{2}x$，所以 $x = \dfrac{2\sqrt{2} - 2}{\sqrt{2}} = 2 - \sqrt{2}$

另一方面，兩個正方形 ABMN 與 EGPN 的相似比是 $2 : (2 - \sqrt{2})$，
所以面積比是 $2^2 : (2 - \sqrt{2})^2$，即 $4 : (6 - 4\sqrt{2})$，
因此正方形 ABMN 的面積是 4，四邊形 EGHF 的面積為
$2 \times \square EGPN = 2(6 - 4\sqrt{2}) = 12 - 8\sqrt{2}$

答：⑤

等腰三角形的性質、畢氏定理

29. 各頂點分別為 A、B、C、D、E、F、G，從頂點 G 往
角錐的底面拉一條直線的垂足為 H 時，點 H 是底面正
六角形對角線的交點。

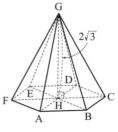

又角錐的側面形成的三角形皆為全等，所以三角形
GAB 是 $\overline{GA} = \overline{GB}$ 的等腰三角形。

這時正六角形的三個對角線切割出六個全等的正三角
形，從點 H 拉一條直線到線段 AB 的垂足是 M 時，點 M
就是線段 AB 的中點，所以 $\overline{AM} = 1$，$\overline{HM} = \sqrt{2^2 - 1} = \sqrt{3}$

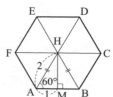

因三角形 GMH 是直角三角形，根據畢氏定理

$$\overline{GM} = \sqrt{\overline{GH}^2 + \overline{MH}^2}$$
$$= \sqrt{(2\sqrt{3})^2 + (\sqrt{3})^2}$$
$$= \sqrt{15}$$

三角形 GAB 是等腰三角形，且點 M 是線段 AB 的中點，所以

$\overline{GM}$ 就是三角形的高，因此面積是 $\dfrac{1}{2} \times 2 \times \sqrt{15} = \sqrt{15}$

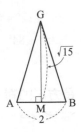

答：①

畢氏定理、三角函數與三角函數的值

30. 三角形 ABC 的 $\overline{AB} = 3a$，$\overline{AC} = 2a$，根據畢氏定理

$$\overline{BC}^2 = \overline{AB}^2 - \overline{AC}^2 = (3a)^2 - (2a)^2 = 5a^2$$
$$\therefore \overline{BC} = \sqrt{5}a \ (\because \overline{BC} > 0)$$

$\angle ABC = x^\circ$ 時，三角形 ABC 的 $\cos x^\circ = \dfrac{\overline{BC}}{\overline{AB}} = \dfrac{\sqrt{5}a}{3a} = \dfrac{\sqrt{5}}{3} \cdots ⓐ$

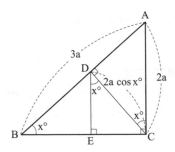

這時三角形 ABC 與三角形 ACD 的 $\angle ABC + \angle BAC = 90^\circ$，$\angle ACD + \angle CAD = 90^\circ$

且 $\angle BAC = \angle CAD$，所以 $\angle ACD = \angle ABC = x^\circ$

另一方面，三角形 ACD 的 $\cos x^\circ = \dfrac{\overline{CD}}{\overline{AC}} = \dfrac{\overline{CD}}{2a}$，

所以 $\overline{CD} = 2a \cos x^\circ = 2a \times \dfrac{\sqrt{5}}{3}$（因ⓐ）$= \dfrac{2\sqrt{5}}{3}a$

又因 $\overline{AC} \ /\!/ \ \overline{DE}$，所以 $\angle CDE = \angle DCA = x^\circ$（內錯角）

且三角形 CDE 的 $\cos x° = \dfrac{\overline{DE}}{\overline{CD}}$，所以 $\overline{DE} = \overline{CD} \times \cos x°$

$$= \dfrac{2\sqrt{5}}{3}a \times \dfrac{\sqrt{5}}{3} = \dfrac{10}{9}a$$

因此若 $\dfrac{10}{9}a$ 要成為自然數時，自然數 a 值中最小的數就是 9。

答：⑤

三角形的相似條件、圓周角與中心角

31. M、N 兩點分別為兩線段 AB、AC 的中點，

所以 $\overline{MN} = \dfrac{1}{2}\overline{BC} = \dfrac{1}{2} \times 6 = \boxed{3}$

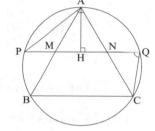

當 $\overline{PM} = x$，從點 A 拉一直線到線段 MN 的垂足是 H 時，因三角形 ABC 是正三角形，所以直線 AH 是部分圓的半徑。

即 $\overline{MH} = \overline{NH}$，$\overline{PH} = \overline{HQ}$，所以 $\overline{NQ} = \overline{PM} = x$

又三角形 APN 與三角形 QCN 的 $\angle PAC = \angle PQC$ (弧 PBC 的圓周角)…ⓐ

$\angle ANP = \angle QNC$ (對頂角)…ⓑ，依據ⓐ、ⓑ，$\triangle APN \backsim \triangle QCN$ (AA 相似)

另一方面 $\overline{AN} = \overline{CN} = \dfrac{1}{2}\overline{AC} = 3$，$\overline{PN} = x + 3$，

$\overline{AN} : \overline{PN} = \overline{QN} : \overline{CN}$

$3 : \boxed{x + 3} = x : 3$，$x(x + 3) = 9$

$x^2 + 3x - 9 = 0 \cdots$ ⓒ

依據公式解，求出二次方程式時，$x = \dfrac{-3 + \sqrt{45}}{2} = \dfrac{-3 + 3\sqrt{5}}{2} (\because x > 0)$

這時 $\overline{PQ} = 2\overline{PM} + \overline{MN} = 2x + 3 = 2 \times (\dfrac{-3 + 3\sqrt{5}}{2}) + 3$

$$= -3 + 3\sqrt{5} + 3 = \boxed{3\sqrt{5}}$$

所以 $a = 3$，$b = 3\sqrt{5}$，得出 $\dfrac{b}{a} = \dfrac{3\sqrt{5}}{3} = \sqrt{5}$

答：①

三角形的內心、畢氏定理

32. 三角形 ABE 是 $\overline{BE} = \overline{BC} = 15$、$\overline{AB} = 12$ 的直角三角

形，所以 $\overline{AE} = \sqrt{15^2 - 12^2} = 9$

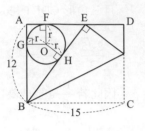

這時直角三角形 ABE 內接圓中心 O、直角三角形

ABE 與內接圓的切點分別為 F、G、H，內接圓的半

徑為 r 時，因 $\overline{OF} = \overline{OG} = \overline{OH} = r$，

$\triangle ABE = \triangle ABO + \triangle BEO + \triangle EAO$

$$= \frac{r}{2}(\overline{AB} + \overline{BE} + \overline{EA})$$

$$= \frac{r}{2}(12 + 15 + 9)$$

$$= 18r$$

又因 $\triangle ABE = \frac{1}{2} \times \overline{AB} \times \overline{AE} = \frac{1}{2} \times 12 \times 9 = 54$，

$18r = 54$，得出 $r = 3$

因此圓面積是 $\pi \times 3^2 = 9\pi$

答：①

畢氏定理、圓與切線

33. 從點 M 摺一摺線，與半圓接觸的點是點 Q 時，根據

圓與切線的性質，兩線段 MQ 與 OQ 相互垂直，且

$\overline{OQ} = 3$

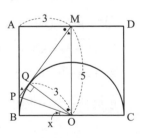

這時根據畢氏定理，$\overline{QM} = \sqrt{\overline{MO}^2 - \overline{QO}^2} = \sqrt{5^2 - 3^2}$

$= \sqrt{16} = 4$

兩三角形 APM 與 QMO 的 $\overline{AB} \,/\!/\, \overline{MO}$，

所以 $\angle APM = \angle QMO$（內錯角）、$\angle AMP = \angle QOM$，

$\overline{QO} = \overline{BO} = \overline{AM}$，

因此 $\triangle APM \cong \triangle QMO$（ASA 全等）

$\therefore \overline{AP} = \overline{QM} = 4$，$\overline{BP} = 1$

根據畢氏定理 $\overline{OP} = \sqrt{1^2 + 3^2} = \sqrt{10}$

$\therefore \sin x = \dfrac{\overline{PB}}{\overline{OP}} = \dfrac{1}{\sqrt{10}} = \dfrac{\sqrt{10}}{10}$

答：②

三角函數與三角函數的值、圓周角與中心角

34. 圓心是 O 時，根據條件ⓐ，線段 AC 是圓的直徑，根據
圓周角的性質，$\angle ABC = 90°$

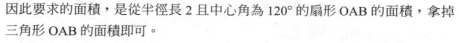

$\therefore \angle CAB = 90° - \angle ACB$

$= 90° - 60°$

$= 30°$

從點 O 拉一直線到線段 AB 的垂足是 H 時，

$\overline{AH} = \dfrac{1}{2} \times \overline{AB} = \dfrac{1}{2} \times 2\sqrt{6} = \sqrt{6}$

直角三角形 OAH 的 $\overline{OA} = \dfrac{\overline{AH}}{\cos 30°} = \sqrt{6} \times \dfrac{2}{\sqrt{3}} = 2\sqrt{2}$

因此要求的面積，是從半徑長 2 且中心角為 120° 的扇形 OAB 的面積，拿掉
三角形 OAB 的面積即可。

這時扇形 OAB 的面積是 $\pi(2\sqrt{2})^2 \times \dfrac{120°}{360°} = \dfrac{8}{3}\pi$

直角三角形 AHO 中，$\overline{OH} = \overline{AH} \times \tan 30° = \sqrt{6} \times \dfrac{\sqrt{3}}{3} = \sqrt{2}$

所以三角形 OAB 的面積是 $\dfrac{1}{2} \times \overline{AB} \times \overline{OH} = \dfrac{1}{2} \times 2\sqrt{6} \times \sqrt{2} = 2\sqrt{3}$

因此面積為 $\dfrac{8}{3}\pi - 2\sqrt{3}$

答：⑤

畢氏定理、三角函數與三角函數的值

35. 從頂點 A 拉一直線到邊 BC 的垂足為 E，因

$\angle ABC = 45°$，三角形 ABE 是直角等腰三角形。

即 $\overline{AE} = \overline{BE} = 3$ 且直角三角形 AEC 的 $\angle ACE = 60°$

$\tan 60° = \dfrac{\overline{AE}}{\overline{CE}} = \dfrac{3}{\overline{CE}}$

$\therefore \overline{CE} = \dfrac{3}{\tan 60°} = \dfrac{3}{\sqrt{3}} = \sqrt{3}$

又從頂點 D 拉一直線到線段 BC 的延長線的垂足為 F 時，$\overline{AB} \parallel \overline{DC}$，

所以 $\angle ABE = \angle DCG = 45°$（同位角）

且因 $\overline{AB} = \overline{DC}$，$\triangle ABE \cong \triangle DCF$（RHS 全等）

$\therefore \overline{CE} = \overline{DF} = 3$

因此三角形 DBF 的 $\overline{BF} = \overline{BE} + \overline{EC} + \overline{CF}$

$$= 3 + \sqrt{3} + 3$$

$$= 6 + \sqrt{3}$$

所以 $\tan(\angle CBD) = \dfrac{\overline{DF}}{\overline{BF}} = \dfrac{3}{6 + \sqrt{3}}$

$$= \dfrac{3(6 - \sqrt{3})}{(6 + \sqrt{3})(6 - \sqrt{3})}$$

$$= \dfrac{3(6 - \sqrt{3})}{36 - 3}$$

$$= \dfrac{6 - \sqrt{3}}{11}$$

答：③

平行線與線段長度比

36. 線段 CF 與線段 RS 的交點為 T，$\overline{RT}\,/\!/\,\overline{DF}$，

所以 $\triangle CRT \backsim \triangle CDF$

這時線段 CD 的中點是 R，

$\overline{CR}:\overline{CD}=\overline{RT}:\overline{DF}=1:2$

$\therefore \overline{RT}=\dfrac{1}{2}\overline{DF}=\dfrac{1}{2}\times 32=16$

又 $\overline{TS}\,/\!/\,\overline{CA}$，所以 $\triangle FST \backsim \triangle FAC$

當線段 AF 的中點為 S，$\overline{FS}:\overline{FA}=\overline{ST}:\overline{AC}=1:2$

$\therefore \overline{ST}=\dfrac{1}{2}\overline{AC}=\dfrac{1}{2}\times 38=19$

$\therefore \overline{RS}=\overline{RT}+\overline{ST}=16+19=35$

另一方面，根據連接三角形兩邊的中點線段性質，

三角形 ABC 的 $\overline{AC}=38$，$\overline{PQ}=\dfrac{1}{2}\overline{AC}=\dfrac{1}{2}\times 38=19$，

又 $\overline{BD}=a$，$\overline{BF}=b$ 時，四邊形 BDEF 的周長為 88

$2(a+b)=88$

得出 $a+b=44$

根據連接三角形兩邊的中點線段性質

$\overline{QR}=\dfrac{1}{2}\overline{DB}=\dfrac{1}{2}a$，$\overline{PS}=\dfrac{1}{2}\overline{BF}=\dfrac{1}{2}b$

因此四角形 PQRS 的周長 $\overline{PQ}+\overline{QR}+\overline{RS}+\overline{PS}=19+\dfrac{1}{2}a+35+\dfrac{1}{2}b$

$$=54+\dfrac{1}{2}(a+b)$$
$$=54+22$$
$$=76$$

答：⑤

相似圖形的性質

37. (a) 三角形 ABD 是 $\overline{AB} = \overline{AD}$ 的等腰三角形，所以 ∠ABD = ∠ADB，

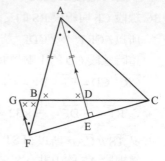

這時因 $\overline{AD} // \overline{FG}$，∠ADB = ∠FGB(內錯角)
且 ∠ABD 與 ∠FBG 是對頂角，∠ABD = ∠FBG
即三角形 FBG 的兩底角大小相同，所以三角形 FBG 是等腰三角形
∴ $\overline{BF} = \overline{GF}$(正確)

(b) 兩三角形 AFE 與 ACE 的 ∠FAE = ∠CAE，∠AEF = ∠AEC = 90°，共有 $\overline{AE}$
所以 △AFE ≅ △ACE(ASA 全等)

即因 $\overline{FE} = \overline{CE}$，兩三角形 CDE 與 CGF 的相似比是 1：2，

因此 $\overline{DE} = \dfrac{1}{2}\overline{GF}$，且因在 (a) 中，$\overline{BF} = \overline{GF}$，$\overline{DE} = \dfrac{1}{2}\overline{BF}$(錯誤)

(c) 因 $\overline{DE} = \dfrac{1}{2}\overline{BF}$ 且 $\overline{AF} = \overline{AC}$，所以

$$\overline{AE} = \overline{AD} + \overline{DE}$$

$$= \overline{AB} = \dfrac{1}{2}\overline{BF}$$

$$= \dfrac{1}{2}(\overline{AB} + \overline{AB} + \overline{BF})$$

$$= \dfrac{1}{2}\overline{AB} + \dfrac{1}{2}(\overline{AB} + \overline{BF})$$

$$= \dfrac{1}{2}\overline{AB} + \dfrac{1}{2}\overline{AF}$$

$$= \dfrac{1}{2}(\overline{AB} + \overline{AF})$$

得出 $\overline{AE} = \dfrac{1}{2}(\overline{AB} + \overline{AC})$(正確)

因此正確的是 (a)、(c)

答：③

立體圖形的表面積與體積

38. 底面半徑長是 6 且高為 3 的圓錐體積是 $\dfrac{1}{3}\pi \times 6^2 \times 3 = 6\pi$

$\therefore a = 36$

答：36

三角函數與三角函數的值

39. $3(\cos 60^\circ + \sin 30^\circ)^2 + \tan 60^\circ \times \tan 30^\circ$

$= 3(\dfrac{1}{2} + \dfrac{1}{2})^2 + \sqrt{3} \times \dfrac{1}{\sqrt{3}}$

$= 3 + 1 = 4$

答：4

畢氏定理

40. 平行四邊形 ABCD 的面積是 $6\sqrt{11}$，

$\overline{BC} \times \overline{AH} = 6\sqrt{11}$，$6\overline{AH} = 6\sqrt{11}$

$\therefore \overline{AH} = \sqrt{11}$

這時直角三角形 ABH 的 $\overline{BH}^2 = \overline{AB}^2 - \overline{AH}^2 = 4^2 - (\sqrt{11})^2$

$= 16 - 11 = 5$

答：5

相似圖形的性質、畢氏定理

41. 直角三角形 ABC 的 $BC = \sqrt{15^2 - 10^2} = \sqrt{225 - 100} = \sqrt{125} = 5\sqrt{5}$

又因 $\overline{AD}$ 是 $\angle A$ 的等分線，$\overline{BD} : \overline{DC} = \overline{AB} : \overline{AC} = 3 : 2$

因此 $\overline{DC} = \dfrac{2}{5} \times \overline{BC} = \dfrac{2}{5} \times 5\sqrt{5} = 2\sqrt{5}$

所以 $\overline{DC}^2 = (2\sqrt{5})^2 = 20$

答：20

三角函數與三角函數的值

42. 三角形的各頂點分別為 A、B、C 時，手扶梯以每秒 40cm 移動，

$\overline{CA} = 40 \times 10 = 400(cm)$

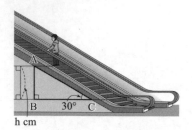

h cm

三角形 ABC 的 $\angle B = 90°$，$\angle C = 30°$，

所以 $\sin 30° = \dfrac{\overline{AB}}{\overline{CA}} = \dfrac{h}{400}$，$\dfrac{1}{2} = \dfrac{h}{400}$

$\therefore h = 200(cm)$

答：200

畢氏定理、弦的垂直等分線

43. 如圖，兩圓的中心是 O，且從 O 拉一條直線到弦 AB 的

垂足為 H 時，$\overline{OH} \perp \overline{AB}$，$\overline{AH} = \overline{BH} = 12\sqrt{3}$，

這時大圓與小圓的半徑長分別是 x，y，兩圓的面積差是

$x^2\pi - y^2\pi = \pi(x^2 - y^2) \cdots$ ⓐ

且是直角三角形，$x^2 - y^2 = (12\sqrt{3})^2 \cdots$ ⓑ

將ⓑ代入ⓐ，$\pi(x^2 - y^2) = (12\sqrt{3})^2\pi = 432\pi$

$\therefore a = 432$

答：432

三角形的內心

44. 直角三角形 IDE 的 $\overline{DE}^2 = \overline{ID}^2 - \overline{IE}^2 = 5^2 - 3^2 = 16$

$\therefore \overline{DE} = 4 \ (\because \overline{DE} > 0)$

畫出線段 CI 時，因點 I 是三角形 ABC 的內心，

$\angle DCI = \angle ICB$

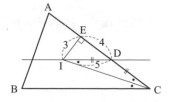

又直線 ID 與邊 BC 平行，∠DIC = ∠ICB（內錯角）

∴∠DIC = ∠DCI

即三角形 DIC 是等腰三角形，$\overline{DI} = \overline{CD} = 5$

∴$\overline{CE} = \overline{CD} + \overline{DE} = 5 + 4 = 9$

答：9

平面圖形、畢氏定理

45. 半徑長 7、2 的圓，中心分別為 O、O'，從中心
O' 拉一條直線到圓 O 半徑的垂足為 A 時，

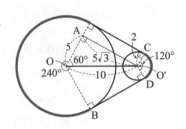

$\overline{O'A} = \sqrt{10^2 - 5^2} = \sqrt{75} = 5\sqrt{3}$

三角形 OO'A 的三邊長度比是 $2 : \sqrt{3} : 1$，

所以 ∠AOO' = 60°，∠AO'O = 30°

因此皮帶跟輪子接觸部分長的和是

$2\pi \times 7 \times \dfrac{240}{360} + 2\pi \times 2 \times \dfrac{120}{360} = \dfrac{28}{3}\pi + \dfrac{4}{3}\pi = \dfrac{32}{3}\pi$

得出 a + b = 3 + 32 = 35

答：35

求出二次方程式、畢氏定理

46. 邊 AB 長是 x 時，邊 BC 長是 $\sqrt{x^2 + 64}$，$\triangle ABC = \dfrac{1}{2} \times x \times 8 = 4x$，

□BDEC = $x^2 + 64$

這時因□BDEC = 5△ABC，所以 $x^2 + 64 = 5 \times 4x = 20x$

$x^2 - 20x + 64 = 0$

$(x - 4)(x - 16) = 0$

得出 x = 16(∵ x > 8)

答：16

三角形的內心

47.因點 I 是三角形 ABC 的內心，畫出內接圓，且內接圓與邊 AB 的切點為 J，若內接圓的半徑長為 r，三角形 ABC 的面積是

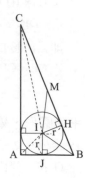

$$\frac{1}{2} = \times \overline{AB} \times \overline{AC} = \frac{1}{2} \times 10 \times 24 = 120$$

又三角形 ABC 面積是 $\triangle ABC = \triangle IAB + \triangle IBC + \triangle ICA$

所以 $120 = \frac{1}{2} r (\overline{AB} + \overline{BC} + \overline{CA})$

$$= \frac{1}{2} r (10 + 26 + 24)$$

$$= 30r$$

$\therefore r = 4$

這時兩三角形 BIH 與 BIJ 的 $\angle H = \angle J = 90°$、$\overline{IH} = \overline{IJ}$，共有 $\overline{BI}$，

所以 $\triangle BIH \cong \triangle BIJ$(RHS 全等)

$\therefore \overline{BJ} = \overline{BH}$

又因 $\overline{BH} = \overline{BJ} = \overline{AB} - \overline{AJ} = 10 - 4 = 6$，

且 $\overline{BM} = \frac{1}{2}\overline{BC} = \frac{1}{2} \times 26 = 13$，

$\overline{MH} = \overline{BM} - \overline{BH} = 13 - 6 = 7$

因此三角形 IHM 的面積是 $\frac{1}{2} \times \overline{MH} \times \overline{IH} = \frac{1}{2} \times 7 \times 4 = 14$

答：14

平行線與線段的長度比

48.兩三角形 AFG 與 ABC 的高相同，三角形 AFG 的

底邊長是三角形 ABC 底邊長的 $\frac{1}{3}$，所以

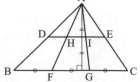

$\triangle AFG = \frac{1}{3}\triangle ABC$

又 D、E 兩點分別是線段 AB、AC 的中點，所以依據連接三角形兩邊中點線段性質，

$$\overline{DE} = \frac{1}{2}\overline{BC}，\overline{HI} = \frac{1}{2}\overline{FG}$$

另一方面，$\triangle AHI \backsim \triangle AFG$ 且相似比是 $1:2$，面積比是 $1:4$

這時因 $\triangle AHI = \frac{1}{4}\triangle AFG$，所以 $\triangle AFG = \triangle AHI + \square HFGI$

$$\frac{1}{3}\triangle ABC = \frac{1}{4} \times \frac{1}{3}\triangle ABC + \square HFGI$$

$$\frac{1}{3}\triangle ABC - \frac{1}{12}\triangle ABC = \square HFGI$$

$$\frac{1}{4}\triangle ABC = \square HFGI$$

$$\therefore \triangle ABC = 4 \times \square HFGI$$

$$= 4 \times 3$$

$$= 12$$

答：12

畢氏定理

49. 兩線段 AP、PB 的中點分別是 M、N，

$\overline{AP} \perp \overline{OM}$，$\overline{PB} \perp \overline{ON}$ 且圓的半徑長是 5，

$\overline{OM} = 3$，$\overline{BN} = \overline{PN} = \overline{OM} = 3$

這時三角形 NOB 是直角三角形，根據畢氏定理

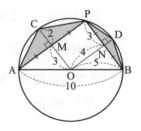

$$\overline{PM} = \overline{ON} = \sqrt{5^2 - 3^2} = \sqrt{16} = 4$$

所以 $\triangle CAP = \frac{1}{2} \times \overline{AP} \times \overline{CM} = \frac{1}{2} \times 8 \times 2 = 8$

$\triangle DPB = \frac{1}{2} \times \overline{PB} \times \overline{ND} = \frac{1}{2} \times 6 \times 1 = 3$

所求的兩個三角形面積和為 $8 + 3 = 11$

答：11

立體圖形的表面積與體積、畢氏定理

50. 從球的中心 O 拉直線往兩斷面 A、B 的垂足分別為 H_1、H_2 時，兩圓錐的高度比是 $1:2$，所以 $\overline{OH_1} : \overline{OH_2} = 1 : 2$

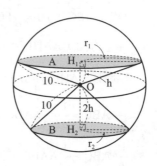

且若 $\overline{OH_1} = h$，$\overline{OH_2} = 2h$，依據畢氏定理，

$r_1{}^2 = 100 - h^2$、$r_2{}^2 = 100 - 4h^2$

所以兩斷面 A、B 的面積分別是 $\pi(100 - h^2)$、$\pi(100 - 4h^2)$，且兩圓錐的底面面積比是 $41:14$

$\pi(100 - h^2) : \pi(100 - 4h^2) = 41 : 14$

$41(100 - 4h^2) = 14(100 - h^2)$

$4100 - 164h^2 = 1400 - 14h^2$

$150h^2 = 2700$，$h^2 = 18$　∴ $h = 3\sqrt{2}$

斷面 A 為底面的圓錐體積是：

$$\frac{1}{3}h(100 - h^2)\pi = \frac{1}{3} \times 3\sqrt{2} \times (100 - 18)\pi = 82\sqrt{2}\pi$$

又斷面 B 為底面的圓錐體積是：

$$\frac{1}{3} \times 2h(100 - 4h^2)\pi = \frac{1}{3} \times 6\sqrt{2} \times (100 - 72)\pi = 56\sqrt{2}\pi$$

因此兩圓錐體積的和是：

$82\sqrt{2}\pi + 56\sqrt{2}\pi = 138\sqrt{2}\pi$，所以 $k = 138$

答：138

相似圖形的性質

51. 如圖為四角錐 ABCDE 的展開圖，這時底面的正方形 BCDE 的兩對角線交點是 O，從點 O 拉一直線到線段 CD 的垂足是 R 時，直線 OR 經過三角形 ADC 的重心 G，即 $\overline{AG}$：

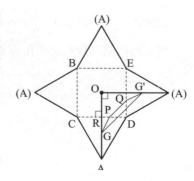

$\overline{GR} = 2 : 1$，所以 $\overline{GR} = \frac{1}{3}\overline{AR}$

又四角錐的一邊是 a 時，$\overline{OR} = \frac{1}{2}a$ 且 $\overline{AR}$ 是

正三角形的高，所以 $\overline{AR} = \dfrac{\sqrt{3}}{2}a$

$\therefore \overline{OG} = \overline{OR} + \overline{GR} = \overline{OR} + \dfrac{1}{3}\overline{AR}$

$\qquad = \dfrac{1}{2}a + \dfrac{1}{3} \times \dfrac{\sqrt{3}}{2}a$

$\qquad = \dfrac{1}{2}a + \dfrac{\sqrt{3}}{6}a$

$\qquad = \dfrac{1}{6}(3+\sqrt{3})a$

這時 $\overline{GP} + \overline{PQ} + \overline{QG'}$ 的最小值與 $\overline{GG'}$ 的長相同

另一方面，三角形 OGG' 是直角等腰三角形

$\overline{GG'} = \sqrt{2} \times \overline{OG} = \dfrac{\sqrt{2}}{6}(3+\sqrt{3})a$

即 $\dfrac{\sqrt{2}}{6}(3+\sqrt{3})a = 30(3\sqrt{2}+\sqrt{6})$

所以 $\dfrac{1}{6}(3\sqrt{2}+\sqrt{6})a = 30(3\sqrt{2}+\sqrt{6})$

$\dfrac{1}{6}a = 30$

$\therefore a = 180$

因此四角錐 ABCDE 的邊長為 180

答：180

相似圖形的性質、畢氏定理

52. 三角形 APD 的線段 AR 是 ∠A 的等分線，因 $\overline{PR} : \overline{RD} = 17 : 15$，

$\overline{AP} : \overline{AD} = \overline{PR} : \overline{RD} = 17 : 15$，

這時關於正數 k，$\overline{AP} = 17k$，$\overline{AD} = 15k$ 時，四

邊形 ABCD 是正方形，所以 $\overline{AB} = \overline{AD} = 15k$

直角三角形 ABP 的 $\overline{BP}^2 = \overline{AP}^2 - \overline{AB}^2$

$\qquad = (17k)^2 - (15k)^2$

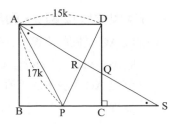

$= 289k^2 - 225k^2$

$= 64k^2$

$\therefore \overline{BP} = 8k \ (\because \overline{BP} > 0)$

因 $\overline{PC} = \overline{BC} - \overline{BP} = 15k - 8k = 7k$ 且 $\overline{PC} = 1$

$7k = 1 \quad \therefore k = \dfrac{1}{7}$

當兩線段 AQ、BC 交會的點是 S 時，

因 $\overline{AD} // \overline{BS}$，$\angle DAS = \angle PSA$（內錯角）

即 $\angle PAS = \angle PSA$，三角形 APS 是等腰三角形，

因此 $\overline{PS} = \overline{PA} = 17k = 17 \times \dfrac{1}{7} = \dfrac{17}{7}$，

$\overline{CS} = \overline{PS} - \overline{PC} = \dfrac{17}{7} - 1 = \dfrac{10}{7}$

這時兩個三角形 SAB、SQC 是相似圖形且 $\overline{BS} = \overline{BC} + \overline{CS}$

$= \dfrac{15}{7} + \dfrac{10}{7} = \dfrac{25}{7}$

因 $\overline{BS} : \overline{CS} = \overline{AB} : \overline{QC}$

所以 $\dfrac{25}{7} : \dfrac{10}{7} = \dfrac{15}{7} : l$

$\dfrac{25}{7} l = \dfrac{150}{49}$

$\therefore l = \dfrac{6}{7}$

$\therefore 70l = 70 \times \dfrac{6}{7} = 60$

答：60

平行線與線段長度比、圓周角的性質

53. 線段 AC 是圓的直徑，$\triangle ABC$、$\triangle ADC$ 是直角三角形
這時因 $\angle ABC = \angle GFC = 90°$，$\overline{AB} // \overline{GF}$，
又直徑 AC 與弦 BD 垂直交會，所以是弦 BD 的垂直
等分線

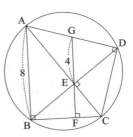

即因 $\overline{BE} = \overline{DE}$，在兩三角形 DAB、DGE 中，$\triangle DAB \backsim \triangle DGE$ 且相似比為 2：1

$\therefore \overline{GE} = \dfrac{1}{2}\overline{AB} = 4$

另一方面，直角三角形 ABC 的 $\overline{BC} = \sqrt{\overline{AC}^2 - \overline{AB}^2} = \sqrt{10^2 - 8^2} = 6$，

且因 $\triangle ABC \backsim \triangle BEC$，$\overline{AB} : \overline{AC} = \overline{BE} : \overline{BC}$

$8 : 10 = \overline{BE} : 6$

$\therefore \overline{BE} = \dfrac{8 \times 6}{10} = \dfrac{24}{5}$

又因 $\triangle ABC \backsim \triangle BFE$，$\overline{AC} : \overline{BC} = \overline{BE} : \overline{EF}$

$\therefore \overline{EF} = 6 \times \dfrac{24}{5} \times \dfrac{1}{10} = \dfrac{72}{25}$

因此 $l = \overline{GE} + \overline{EF} = 4 + \dfrac{72}{25} = \dfrac{172}{25}$

$25l = 172$

答：172

相似圖形的性質

54. 經過點 D 且與線段 AM 平行的 BE、BC 兩直線交
　　會的點分別為 R、S，經過點 E 且與線段 AM 平
　　行的直線 BC 交會點是點 T 時，D、E 兩點是線段

　　AC 的三等分點，$\overline{AD} = \overline{DE} = \overline{EC}$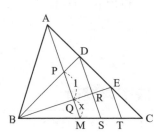

　　這時三個三角形 CET、CDS、CAM 皆相似，且因

　　$\overline{AD} = \overline{DE} = \overline{EC}$，所以 $\overline{MS} = \overline{ST} = \overline{TC}$

　　點 M 是線段 BC 的中點，$\overline{BM} = \overline{MC} = 3\overline{MS}$

$\therefore \overline{BM} : \overline{BS} = 3 : 4$

另一方面，兩三角形 BMQ、BSR，兩三角形 BQP、BRD 皆相似，且相似比

為 3：4，即 $\overline{BQ} : \overline{BR} = \overline{PQ} : \overline{DR} = 3 : 4$ 且 $\overline{PQ} = 1$，所以 $1 : \overline{DR} = 3 : 4$

$\therefore \overline{DR} = \dfrac{4}{3}$

又兩三角形 AQE 與 DRE 也相似，且 $\overline{AD} = \overline{DE}$，所以相似比是 2：1

即因 $\overline{AQ} : \overline{DR} = 2 : 1$，$\overline{AQ} : \dfrac{4}{3} = 2 : 1$

$$\therefore \overline{AQ} = \frac{8}{3} \cdots \text{ⓐ}$$

兩三角形 BMQ 與 BTE 也相似，且相似比 3：5，所以因 $\overline{QM} : \overline{ET} = 3 : 5$，

當 $\overline{QM} = x$ 時，$x : \overline{ET} = 3 : 5$

$$\therefore \overline{ET} = \frac{5}{3} x$$

兩三角形 AMC 與 ETC 的 $\overline{MC} : \overline{TC} = 3 : 1$，$\overline{AM} : \overline{ET} = 3 : 1$，

$$\overline{AM} : \frac{5}{3} x = 3 : 1，\therefore \overline{AM} = \frac{5}{3} x \times 3 = 5x$$

這時 $\overline{AQ} = \overline{AM} - \overline{QM} = 5x - x = 4x$，且從 ⓐ 得知 $\overline{AQ} = \frac{8}{3}$，

$$4x = \frac{8}{3} \quad \therefore x = \frac{2}{3}$$

即因 $\overline{AM} = 5x = 5 \times \frac{2}{3} = \frac{10}{3}$

p = 3、q = 10

得出 p + q = 13

答：13

機率與統計

1. ④ ／ 2. ① ／ 3. ⑤ ／ 4. ② ／ 5. ② ／ 6. ⑤ ／ 7. ④ ／ 8. ⑤ ／ 9. ⑤ ／
10. ③ ／ 11. ② ／ 12. 6 ／ 13. 101 ／ 14. 18 ／ 15. 6 ／ 16. 25 ／ 17. 124 ／
18. 252

機率的計算 1

1. 在數字 1、2、3、4、5、6 中，2 的倍數有 2、4、6，且 5 的倍數有 5，所求

的機率是 $\frac{3}{6} + \frac{1}{6} = \frac{4}{6} = \frac{2}{3}$。

答：④

相對次數

2. 從圖形中可知懸浮微粒濃度在 200μg/m³ 以上、未滿 250μg/m³ 的組的相對次數是 0.08，且 250μg/m³ 以上、未滿 300μg/m³ 的組的相對次數是 0.04，所以 $0.08 + 0.04 = 0.12$。

   因此，懸浮微粒濃度在 200μg/m³ 的城市占全體的 12%。

   答：①

各種情況 1

3. 5 位男學生中選 2 位的情況是 $\frac{5 \times 4}{2} = 10$，且 6 位女學生中選 1 位的情況是 6，所求的情況是 $10 \times 6 = 60$。

   答：⑤

代表值

4. 將數字由小至到排列，依序為 41、42、43、43、43、45、45、47、48、49，所以眾數為 43。

   答：②

離散程度

5. 離差和是 0，$1 + (-1) + (-5) + a + (a + 1) = 0$

   $2a - 4 = 0$，得出 $a = 2$。

   即 $a = 2$，根據題目提供的離差 1、−1、−5、2、3，

   因此離散是 $\frac{1^2 + (-1)^2 + (-5)^2 + 2^2 + 3^2}{5} = \frac{40}{5} = 8$。

   答：②

機率的含意與性質、次數分配表、直方圖及多邊圖

6. 次數分配表中的次數和是 20，$3 + 2 + 6 + 4 + a = 20$，得出 $a = 5$。

   這時一學期在校內課後班修習時間在 30 小時以上的學生數有

   $4 + a = 4 + 5 = 9$，所求的機率為 $\frac{9}{20}$。

   答：⑤

機率的計算 2

7. 當從袋中抽出一顆球時，抽出紅球的機率是 $\frac{1}{6}$、抽出藍球的機率是 $\frac{5}{6}$，所以 2 人中最少 1 人抽中紅球的機率是：

$$1 - (2 \text{ 人都抽出藍球的機率}) = 1 - \frac{5}{6} \times \frac{5}{6} = 1 - \frac{25}{36} = \frac{11}{36} \text{。}$$

答：④

相對次數

8. a. A 班數學分數 40 分以上、未滿 60 分的學生，其相對次數是 0.2，所以 $0.2 \times 30 = 6(\text{位})(\text{正確})$。

 b. A 班的多邊圖比 B 班還要往右側偏，所以 A 般的平均較高 (正確)。

 c. 多邊圖與橫軸圍成的圖形面積是 (組的大小) × (相對次數的總和)，所以兩圖形的面積相同。

 所以正確的有 a、b、c。

答：⑤

事件與情況

9. 在甲、乙、丙持有的 3 張卡片，甲掏出的卡片中有最大數的情況如下三種：

 (i) 甲掏出數字 9 的卡片時，乙與丙所持有的 3 張卡片，皆為比小的情況為 $3 \times 3 = 9$。

 (ii) 甲掏出數字 5 的卡片時，乙持有的卡片數字比 5 小的數字是 1、丙持有的卡片數字比 5 小的數字是 3、4，必須掏出上述數字的情況是 $1 \times 2 = 2$。

 (iii) 甲掏出數字 2 的卡片時，丙持有的卡片數字都比 2 大，情況是 0。

 所以依據 (i)(ii)(iii)，要求的所有情況是 $9 + 2 + 0 = 11$。

答：⑤

事件與情況、機率的含意與性質

10. A、B、C、D 四張桌子上放上卡片時，桌上擺放卡片的情況是

$4 \times 3 \times 2 \times 1 = 24$(種)。

這時 C 桌擺放的卡片數字比 A 桌大、D 桌擺放的卡片數字比 B 大的情況如下圖，共有 6 種。

```
A    C    B    D
        2 — 3 — 4
1 ——— 3 — 2 — 4
        4 — 2 — 3
2 ——— 3 — 1 — 4
        4 — 1 — 3
3 — 4 — 1 — 2
```

因此機率是 $\dfrac{6}{24} = \dfrac{1}{4}$。

答：③

離散程度

11. 一年級 8 位學生成功的次數平均是 6，一年級 8 位學生成功的次數總和是

$8 \times 6 = 48$(次)，這時全體學生 10 位的平均是 $\dfrac{5+7+48}{10} = \dfrac{60}{10} = 6$。

又一年級 8 位學生的離散是 4，一年級 8 位學生的(離差)^2 和為 $8 \times 4 = 32$，

因此全體學生 10 位成功次數的離散是 $\dfrac{(5-6)^2 + (7-6)^2 + 32}{10} = \dfrac{34}{10} = 3.4$。

答：②

事件與情況

12. 學生 A 固定第三天負責餐食，另外三位學生在第三天以外的日子負責餐食的
情況是 $3 \times 2 \times 1 = 6$。

答：6

機率的計算 1

13. A 袋有 3 顆白球、5 顆藍球，所以從 A 袋抽出 1 顆白球的機率是 $\frac{3}{8}$，又 B 袋

有 7 顆白球、3 顆藍球，所以從 B 袋抽出 1 顆白球的機率是 $\frac{7}{10}$，所以 A、B

兩袋分別抽出一顆球，這時兩顆都是白球的機率是 $\frac{3}{8} \times \frac{7}{10} = \frac{21}{80}$。

$p + q = 21 + 80 = 101$。

答：101

事件與情況

14. 萬位數字與個位數字是 1 的情況是以下 6 種：

12121、12131、12321、13121、13131、13231。

當萬位數字與個位數字是 2、3 的情況也分別是 6 種，所求的是

$3 \times 6 = 18$。

答：18

事件與情況

15. 當 $a = 2$ 時，$b = 3$、5、8(3 種)；

當 $a = 4$ 時，$b = 5$、8(2 種)；

當 $a = 7$ 時，$b = 8$(1 種)；

所求的情況是 $3 + 2 + 1 = 6$。

答：6

事件與情況、機率的含意與性質

16. A、B 骰子同時擲出時，出現的所有情況是 $6 \times 6 = 36$，且骰子 B 出現的點數是骰子 A 的點數的倍數的有序對 (A,B) 的個數共有 14 個：

$(1,1) (1,2) (1,3) (1,4) (1,5) (1,6)$

$(2,2) (2,4) (2,6) (3,3) (3,6) (4,4)$

$(5,5) (6,6)$

因此機率是 $\dfrac{14}{36} = \dfrac{7}{18}$。

$p + q = 7 + 18 = 25$。

答：25

離散程度

17. 條件 (a) 的六個資料中，最小數是 8、最大數是 13，所以自然數 a、b、c、d 跟六個資料的大小，依據分別是 8、a、b、c、d、13($8 \le a \le b \le c \le d \le 13$)。

又在條件 (b) 中，中位數是 10 且資料個數是偶數，所以 $\dfrac{b+c}{2} = 10$

得出 $b + c = 20 \cdots$(a)

這時自然數 b、c 滿足 $8 \le b \le c \le 13$，所以 b = 8、c = 12 或 b = 9、c = 11 或 b = c = 10

(i) 當 b = 8、c = 12 或 b = c = 10 時，題目中沒有變量 9，所以眾數不會是 9

(ii) 當 b = 9、c = 11 時，眾數是 9 的話，因 c = 11，所以 a = 9 且 d = 12

根據 (i)(ii)，六個資料依據大小順序羅列如下 8、9、9、11、12、13

資料平均為 m，所以 $m = \dfrac{8 + 9 + 9 + 11 + 12 + 13}{6} = \dfrac{62}{6} = \dfrac{31}{3}$

$\therefore 12m = 12 \times \dfrac{31}{3} = 124$

答：124

離散程度

18. 骰子所有點數至少會出現一次，丟擲 9 次出現的點數分別是 1、2、3、4、

5、6、x、y、z，平均是 4，所以 $\dfrac{1+2+3+4+5+6+x+y+z}{9}=4$，

得出 x + y + z = 15

又眾數是 6，x、y、z 中 6 至少有一個：

(i) 當 6 出現一次時，剩下兩次出現的點數和須為 9，這就必須擲出 4 與 5，
    所以眾數就不只是 6，4 跟 5 都有可能，因此無法滿足條件要求。

(ii) 當 6 出現兩次時，剩下一次出現的點數和是 3，所以擲出 9 次的點數依序
    是 1、2、3、3、4、5、6、6、6，這時中位數是 4，滿足題目條件。

另一方面，資料的離差是 −3、−2、−1、−1、0、1、2、2、2，

所以離散 V 是

$$V = \frac{(-3)^2+(-2)^2+(-1)^2+(-1)^2+0^2+1^2+2^2+2^2+2^2}{9}=\frac{28}{9}$$

$$\therefore 81V = 81 \times \frac{28}{9} = 252$$

答：252

Think 266

28 天救回國中數學（解答本）

從 20 分快速進步到 70 分，用你一定可以理解的方式打好基礎，看完題目再也不說「我放棄」。

作　　　者／鑰匙出版社
譯　　　者／陳聖薇
責任編輯／許珮怡
校對編輯／蕭麗娟、林盈廷
美術編輯／林彥君
副總編輯／顏惠君
總　編　輯／吳依瑋
發　行　人／徐仲秋
會計助理／李秀娟
會　　　計／許鳳雪
版權主任／劉宗德
版權經理／郝麗珍
行銷企劃／徐千晴
業務專員／馬絮盈、留婉茹、邱宜婷
業務經理／林裕安
總　經　理／陳絜吾

出　版　者／大是文化有限公司
　　　　　　臺北市 100 衡陽路 7 號 8 樓
　　　　　　編輯部電話：（02）23757911
　　　　　　購書相關資訊請洽：（02）23757911 分機 122
　　　　　　24 小時讀者服務傳眞：（02）23756999
　　　　　　讀者服務 E-mail：dscsms28@gmail.com
　　　　　　郵政劃撥帳號：19983366　戶名：大是文化有限公司
法律顧問／永然聯合法律事務所
香港發行／豐達出版發行有限公司 "Rich Publishing & Distribut Ltd"
　　　　　　地址：香港柴灣永泰道 70 號柴灣工業城第 2 期 1805 室
　　　　　　　　　 Unit 1805, Ph. 2, Chai Wan Ind City, 70 Wing Tai Rd, Chai Wan, Hong Kong
　　　　　　電話：21726513　傳眞：21724355
　　　　　　E-mail：cary@subseasy.com.hk

封面設計／林雯瑛
內頁排版／咸禾工作室
印　　　刷／鴻霖印刷傳媒股份有限公司

出版日期／2023 年 11 月 初版
定　　　價／新臺幣 499 元（缺頁或裝訂錯誤的書，請寄回更換）
Ｉ Ｓ Ｂ Ｎ／978-626-7377-06-2

Printed in Taiwan

중등 키 수학 총정리 28 일 완성
(The Key to Middle School Math in Just 28 Days)
Copyright ©2019 by 키출판사 (Key Publications)
All rights reserved.
Complex Chinese Copyright © 2023 by Domain Publishing Company
Complex Chinese translation Copyright is arranged with KEY PUBLICATIONS
through Eric Yang Agency